Santa Teresa de Calcuta

sus oraciones preferidas

Eileen Egan

Imprimi Potest:
Richard Thibodeau, CSsR
Provincial de los Redentoristas de la
Provincia de Denver

Publicado por Libros Liguori
Una marca de Liguori Publications
Liguori, Missouri
Liguori.org

Compilado y editado por Judi Bower.
Traducción del original en inglés *At prayer with Mother Teresa*, Eileen Egan (1999), Liguori Publications.

Traducción de María Victoria Cabanne para Editorial BONUM.
Buenos Aires, Argentina.

Todos los derechos reservados. Ninguna parte de este libro puede ser reproducida, almacenada en una sistema de computadora o transmitida sin el permiso por escrito de Liguori Publications.

ISBN 0-7648-1166-5
Numero de la tarjeta de la Biblioteca del Congreso: 2004100963
Traducción en español © 2004 Liguori Publications/Libros Liguori

Impreso en los Estados Unidos
25 24 23 22 21 7 6 5 4 3
Primera edición

Cover Design: Wendy Barnes
Cover Photo: Bill Wittman

La Madre Teresa fue canonizada
en Roma el 4 de septiembre de 2016.

Su fiesta es el 5 de septiembre.

Oración para la oración

La Madre Teresa escribió mucho sobre la oración. Por ejemplo, enseñó a sus hermanas a mejorar su espíritu de oración y recogimiento durante la Cuaresma. Ella les decía: Liberemos nuestras mentes de todo aquello que no sea Jesús. Si encuentran difícil rezar, pídanle a Él una y otra vez:

Jesús ven a mi corazón
reza conmigo reza en mí
para que yo pueda aprender
de ti cómo rezar.

Índice

PARTE I
Introducción
1

PARTE II
Sobre la oración
29

PARTE III
Oraciones
33

Fuentes y reconocimientos
133

Índice de oraciones
135

Parte I

Introducción

El pequeño y gastado cuerpo de la Madre Teresa, envuelto en el sari blanco bordeado de azul, fue colocado en una especie de carruaje mientras recorría las calles de Calcuta. El mismo carruaje había transportado el cuerpo del asesinado Gandhi, a quien la Madre Teresa junto con la gente de su país adoptivo llamaban "el padre de nuestro país".

Al comenzar el año de 1948 el mundo lloró la pérdida del Hombre de la Paz de la India. A finales de ese mismo año una mujer desconocida recorría sola las azotadas calles de Calcuta movida por un llamado a unir su vida con "los más pobres de los pobres".

El gobierno de la India había decretado un funeral de estado para la Madre Teresa. El cual fue transmitido por televisión a todo el mundo al tiempo que pasaba por las calles de los comercios, negocios y calles que rodeaban el pulmón de Calcuta, el gran parque conocido como Maidan. Mientras abandonaba las áreas de los barrios bajos, los pobres llegaron a unirse a aquellos que se agolpaban en las calles para honrar a la mujer que simbolizó la ayuda amorosa, compasiva y que no pedía nada a cambio.

En la India se considera que ver a una persona a la que se le considera santa otorga un tipo de bendición. A esto se le llama "darsham". ¿Podría la mirada de esta pequeña figura otorgar una especie de "darsham" a los pueblos del mundo que la vieron por última vez?

Después de la misa del funeral masivo que llenó el estadio y a la que asistieron dignatarios de varios países, incluyendo a la esposa del presidente de los Estados Unidos, la señora Hillary Rodham Clinton, el cortejo partió hacia la Casa General de las Misioneras de la Caridad. El portón se abrió para recibir a un pequeño número de personas que habían asistido al funeral y el ataúd de la Madre Teresa. Luego el portón se cerró. En el jardín de la Casa General una tumba había sido preparada.

Fue en aquel portón donde la Madre Teresa salió a recibirme después de que toqué el timbre en 1955. Nos sentamos en sillas desgastadas en el pequeño recibidor mientras me contaba del trabajo de las Misioneras de la Caridad. Después de visitar un hogar para niños enfermos sin hogar, un leprosario, un colegio en los barrios bajos y una clínica sanitaria para las madres más pobres, la Madre Teresa dijo: "Ahora te quiero llevar a mis tesoros".

A través de las calles abarrotadas y llenas de ruido de Calcuta nos abrimos paso hasta el albergue de los peregrinos del Templo de Kali. Los peregrinos del santuario de la diosa del rostro negro de la destrucción, con su collar de calaveras, iban y venían a través de una puerta cercana mientras nosotras visitábamos junto a otros peregrinos que se acercaban, otra puerta, la puerta de la muerte.

En una sección del albergue, alrededor de cuarenta hombres yacían uno junto al otro sobre una especie de camillas colocadas a lado de un pasillo a desnivel. En la otra sección había un número similar de mujeres. En sus orígenes este albergue fue un lugar en donde podían descansar las caravanas de viajeros pobres en las ancestrales rutas de comercio y fue pensado para los peregrinos más pobres, quienes viajaban para hacer su homenaje a la diosa Kali.

La Madre Teresa me había traído hasta el Hogar de los Moribundos. Mientras caminábamos por el sendero, ella se detenía en una plataforma y, sentándose sobre un parapeto elevado, acariciaba la cabeza de un hombre cadavérico a quien todo le había sido quitado, todo salvo la respiración. Su cráneo parecía listo para estallar a través de la piel y sus grandes ojos negros estaban clavados en un punto fijo. Cuando ella tomaba entre sus manos las manos finas como papel de hombres y mujeres, se comunicaba con ellos por medio de un consolador apretón de sus fuertes dedos. Algunos se sentaban mirando en derredor como si estuvieran sorprendidos de estar vivos.

Mientras tanto, un grupo de jóvenes mujeres de la India, también con saris blancos, estaban ocupadas entre los pacientes, lavándolos o levantando sus cabezas para alimentarlos, cucharada a cucharada. Eran los hombres y mujeres rescatados de las calles de una ciudad azotada, albergue de un millón de refugiados desplazados un par de años antes durante la partición del subcontinente indio. Ellos mendigaron su sustento a la comunidad de Calcuta. "Nosotros no podíamos dejarlos morir como animales en la calle", dijo la Madre Teresa. "La Corporación de Calcuta nos dio este albergue. Aquí ellos mueren amados y cuidados."

Mientras yo seguía a la Madre Teresa, unas pocas manos agitándose se tendían hacia mí, esperando que yo también me detuviera para tocarlos consoladoramente. Yo sabía que, junto con la hambruna, la mayoría de las enfermedades conocidas por la humanidad estaban en aquel recinto. Yo estaba pronta a partir hacia Vietnam. Temblando y avergonzada, me di vuelta.

También supe que desde 1952 en adelante la Madre Teresa y sus hermanas habían estado limpiando las llagas, extrayendo los gusanos y secando la saliva de los hombres y mujeres encontrados moribundos en las calles. Muchas veces, incapaces de darles algo más que una muerte digna, ellas trataban a estos pacientes en sus últimas horas como a los hijos e hijas de Dios.

Me pregunté en voz alta cómo podían hacer esto día tras día. "Nuestro trabajo", la Madre Teresa explicó, "nos pide ver a Jesús en todas las personas. Jesús nos ha dicho que él es el hambriento, el desnudo, el sediento. Es el que no tiene un hogar. Es el que sufre".

Ella miró alrededor hacia las filas de camillas en el albergue. "Estas personas son Jesús. Cada una de ellas es Jesús en un angustiante disfraz." Ella dijo esto con una especie de luminosa convicción. A medida que fui conociendo más acerca de su obra y la vi crecer en la India y en el mundo, me di cuenta de que esta convicción era su piedra fundamental. Cada persona debía ser tratada como si ella fuera el mismo Jesús. Aún desfigurada por la suciedad de las calles, por la lepra, por cualquier cosa que disminuyera su dignidad, la persona debía vislumbrarse a la luz de la divinidad detrás del disfraz. La infinita e inviolable dignidad era siempre la misma.

LOS COMIENZOS

Los trabajos de la Madre Teresa y la fundación de una nueva congregación de mujeres religiosas en 1959, llamada las Misioneras de la Caridad, surgió de una inspiración que vino a ella en un tren que la llevaba en septiembre de 1946 de Calcuta a Darjeeling en el Himalaya, mientras viajaba en camino de su retiro anual. Por casi veinte años había sido monja del Instituto de la Sagrada Virgen María, comúnmente conocido como las Hermanas de Loreto, y muchos de esos años habían transcurrido en aulas de diferentes colegios del Instituto.

La Casa General de Loreto en Dublín había sido su introducción al Instituto al cual ella se unió a los dieciocho años de edad, una joven muchacha de origen albanés nacida en 1910 en la ciudad de Skopje, en lo que fuera después de la Primera Guerra Mundial, Yugoslavia. Su devota madre, cuyos trabajos de misericordia llegaron a traer gente sufriente a su propio hogar, fue una influencia decisiva en su vida. Después de dejar su hogar, Agnes Gonxha Bojaxhiu (como fue bautizada) nunca volvió a ver a su madre. Skopje, una ciudad donde el Este y el Oeste se encontraban, con sus muchas mezquitas, un número de iglesias ortodoxas ricamente ornamentadas y una pocas iglesias para la minoría católica, habían servido de alguna manera, como una preparación para Calcuta.

Durante los años entre 1929, cuando ella llegó a Calcuta, y 1947, el momento de su retiro, la Madre Teresa había conocido la agonía que había descendido sobre una gran ciudad. En 1943, la hambruna de Bengala nacida de la guerra trajo la muerte a varios millones de personas. En agosto de 1946, en el Día de la Gran Masacre, musulmanes e hindúes inflamados por retórica política se volvieron unos sobre otros. El derramamiento de sangre llevó la ciudad a una paralización. A pesar del toque de queda, la Madre Teresa salió con coraje a las calles para obtener comida para sus alumnas. Lo que vio la horrorizó.

En el tren hacia Darjeeling, la Madre Teresa recibió lo que ella referiría como "un llamado dentro del llamado", dejar su vida enclaustrada de monja-maestra para trabajar en las calles. La constitución de las Misioneras de la Caridad expresa: "Nuestra familia religiosa comenzó cuando nuestra fundadora, Madre Teresa Bojaxhiu, fue inspirada por el Espíritu Santo el día 10 de septiembre de 1946. Esta inspiración o carisma significa que el Espíritu Santo comunicó la voluntad de Dios a la Madre".

Al bajar de Darjeeling aquel septiembre, la Hermana de Loreto que había sido la madre superiora del colegio secundario Santa María en Calcuta, explicó a su congregación, al Arzobispo de Calcuta y a su consejero jesuita, Celeste Van Exem, que su futuro sería en las calles de Calcuta. Pero antes de que su "llamado dentro del llamado" pudiera encontrar una vía de expresión, era necesario un proceso de dos años. Ella escribió a Roma solicitando permiso para dejar la Congregación de Loreto. Pidió "exclaustración", lo que significaba que ella continuaría viviendo como una hermana con votos. El Arzobispo de Calcuta, sin embargo, insistió en cambiar la palabra por "secularización", que significaba que ella no sería más una hermana bajo votos sino una seglar. Esto hubiese interpuesto un obstáculo insalvable a la posterior fundación de una congregación. Las futuras Misioneras de la Caridad pendían de un hilo. Inexplicablemente, cuando el permiso llegó, decía "exclaustración".

Muchos años más tarde, el misterio se resolvió. En 1971, la Madre Teresa y yo hablamos con el Delegado Apostólico en Washington DC, el Arzobispo Luigi Raimondi. Él había estado sirviendo como consejero en Delhi cuando la carta de la Madre Teresa llegó. Acompañando la carta, él nos contó, había una misiva del arzobispo de Calcuta. El diplomático explicó que, notando el contenido favorable de la carta del Arzobispo y el hecho de que el pedido era por un período de prueba de un año, él había decidido otorgarle el permiso desde Delhi antes que enviar el pedido a Roma. Él no hizo mención al cambio de la palabra, ni la Madre Teresa preguntó. Si este pedido hubiese seguido el curso de rutina a Roma, la respuesta hubiese sido tratada como es costumbre y la palabra "secularización" hubiese sido la respuesta.

El 16 de agosto de 1948, exactamente dos años después del Día de la Gran Masacre, la Madre Teresa fue hacia Patna para realizar un pequeño curso de enfermería con las Hermanas Misioneras Doctoras, un grupo fundado en los Estados Unidos por la Madre Anna Dengel, MD, en 1925. El voluminoso hábito de las hermanas de Loreto fue reemplazado por el rústico sari de algodón de los pobres. En su hombro izquierdo, un pequeño crucifijo fue fijado con un seguro o alfiler de gancho. En sus pies sin medias llevaba sandalias. Las Hermanitas de los Pobres le dieron refugio. El 21 de diciembre de 1948, ella dio el primer paso sola hacia el abismo de su nueva vida, dirigiéndose hacia el fétido barrio bajo que lindaba en forma contrastante con el colegio de internas donde ella enseñara alguna vez. La Madre Teresa tenía treinta y ocho años.

A su alrededor, en la villa de Moti Jihl, reunió a los niños analfabetos y casi desnudos y, sentada en una silla, les repetía las letras del alfabeto bengalí mientras marcaba sus trazos en el polvo con un palo.

En 1927, Mohandas Gandhi había sugerido una forma de vida para los cristianos en India: "Que comiencen desde el fondo… En una palabra, que se acerquen a la gente no como patrones, sino como uno de ellos; no para obligarlos, sino para servirlos y trabajar entre ellos". La Madre Teresa realmente "comenzó desde el fondo", pero fue más allá con un paso revolucionario para una mujer que era una misionera europea. Ella se hizo una con la gente pidiendo y recibiendo la ciudadanía de la India en 1948.

Crecimiento

No fue hasta marzo de 1949 que dos de sus exalumnas se unieron a ella. Una familia católica bengalí les dio un hogar, y pronto un grupo de doce jóvenes mujeres se unieron a la Madre Teresa para abrir escuelas en barrios marginados. Cuando llegaron los monzones, ellas tuvieron que encontrar refugio. El Padre Van Exem juntó fondos para el alquiler de aulas en aquél lugar. Desde el comienzo, el idioma de las hermanas fue el inglés.

En su camino al colegio, la Madre Teresa y las hermanas tenían que pasar frente a familias enteras viviendo en la calle. A menudo, un hombre o una mujer solitarios estarían luchando por el último respiro en un zanjón. Entonces fue cuando alquilaron habitaciones en Moti Jihl; allí limpiaban y alimentaban a esa desafortunada gente hasta que la muerte los liberaba o hasta que encontraban fuerzas suficientes para volver a la calle.

En octubre de 1950, las Misioneras de la Caridad fueron reconocidas como una sociedad religiosa, limitadas a la Arquidiócesis de Calcuta.

Cuando me pidieron que escribiera una historia del trabajo de las Misioneras de la Caridad para los Colaboradores de la Madre Teresa, ella me dictó lo siguiente: "En la elección del trabajo, no hubo ni planificación ni ideas preconcebidas. Nosotras comenzamos el trabajo a medida que el sufrimiento de la gente nos llamaba. Dios nos mostraba qué hacer".

La respuesta de la Madre Teresa al llamado de la gente sufriente en Calcuta constituyó un ejemplo de trabajo que ella llevaría a otras ciudades de India y luego a otros centros de necesidad alrededor del mundo. En sucesivas visitas a Calcuta, como representante de la oficina para asuntos extranjeros de la agencia católica estadounidense de Servicios de Ayuda Católica, pude observar el crecimiento del trabajo y el crecimiento anual de ayuda de católicos americanos a la India.

Uno de los primeros programas de ayuda alimentaria comenzados por la Madre Teresa fue para los desamparados ocupantes de la estación de tren de Sealdah, la terminal del ferrocarril del Este, desde el Este de Pakistán (más tarde Bangladesh) donde miles de recién llegados indigentes vivían. Ellos eran parte del flujo interminable de hombres, mujeres y niños de "el lado Dhaka", quienes venían a la gran ciudad madre de Bengala, Calcuta, en busca de refugio. Como las autoridades de la India los trasladaban a campos de refugiados, nuevos ocupantes se establecían en el piso de piedra de la cavernosa sala de espera, usando los baños de Sealdah para beber agua e higienizarse. Muchas familias calentaban arroz y trigo en pequeños hornos de barro. Toneladas de estos granos fueron embarcados hacia Calcuta y otros puertos de la India por el Servicio de Ayuda Católica. "Ellos se acostumbran al trigo pero prefieren el arroz", la Madre Teresa me dijo mientras nos movíamos a través de la zanja humeante de miseria, un prototipo de los famosos "agujeros negros" de Calcuta.

La Madre Teresa también condujo a sus hermanas a los conglomerados de leprosos en las villas más desoladas. No había leprosario en Calcuta y los sacerdotes del templo de la diosa Kali comprensiblemente habían decidido que ningún leproso podía aceptarse en el albergue. Una ambulancia donada por un sacerdote americano llevaba a médicos del Instituto de Medicina Tropical junto con hermanas-enfermeras a estos lugares, cerca del santuario de Hanuman, el dios mono. Yo vi cómo manos como garras se extendían para tomar los paquetes de comida después de cada curación. Después de algunos años, el regalo de unas tierras rurales de Bengala le permitió a la Madre Teresa fundar una villa de leprosos, Shantinagar (Ciudad de Paz).

Al moverse por los distritos más pobres de Calcuta, las Misioneras de la Caridad encontraban niños abandonados en callejones y recipientes de basura. Un hogar, Shishu Bhavan (Hogar de los Niños), se abrió al lado de un edificio que luego sería la Casa General de la congregación.

Doctoras ofrecieron sus servicios a la Madre Teresa para el Hogar de Niños y pronto estaban formando parte de las clínicas para madres e hijos en varios distritos pobres. (Era una necesidad absoluta que hubiera doctoras atendiendo en los distritos musulmanes).

En unos pocos años, las Misioneras de la Caridad, constantemente creciendo en número, con postulantas de cada casta y parte de India, estaban trabajando en cincuenta y nueve centros en Calcuta. Ellas traían consuelo, curación y educación y, sobre todo, amor allí donde abundaba el sufrimiento. En todos sus trabajos ellas cumplían con el cuarto voto de las Misioneras de la Caridad. Sumándose a las promesas usuales de pobreza, castidad y obediencia, ellas prometían "dar servicio de todo corazón y gratuito a los más pobres de entre los pobres".

Parte del entrenamiento de las hermanas consistía en este trabajo, pero junto con él tenían un riguroso entrenamiento espiritual. El Padre Van Exem a menudo ha sido considerado como una especie de co-fundador de las Misioneras de la Caridad. Él ayudó a elaborar el reglamento, más tarde plasmado en una constitución de 120 páginas. Como la Diócesis de Caluta había sido encomendada a la Compañía de Jesús, otros jesuitas colaboraron en la formación espiritual de las jóvenes mujeres.

El reglamento, no obstante, expresaba la visión de la propia Madre Teresa. Enfatizaba que las misioneras de la Caridad deberían "tener los pies sobre la tierra viviendo la preocupación de Jesús por los más pobres y los más necesitados". Ellas continuarían su trabajo "sólo hasta que hubiera otros quienes pudieran ayudarlos mejor y de forma más duradera". El reglamento hacía una lista de los trabajos de misericordia, corporal y espiritual, y marcaba que las hermanas, al realizarlos, probaban su amor a Jesús "bajo la apariencia de pan y bajo el angustiante disfraz del más pobre de entre los pobres."

"Nuestras vidas son las de mujeres por la Eucaristía", la Madre Teresa explicó. Todos los amaneceres, las hermanas comienzan su día con la Comunión en la mesa del Señor. "Cada hermana tiene una copia del reglamento, y se aferrará a él", dijo la Madre Teresa, "como un niño se aferra a su madre".

EXPANSIÓN HACIA EL EXTERIOR

Cuando en 1965 las Misioneras de la Caridad fueron reconocidas como una congregación que podría trabajar en cualquier parte del mundo, había trescientas hermanas, casi todas ellas de nacionalidad India. Fue un momento dramático cuando ciudadanas de la India se presentaron al Gobierno de su país pidiendo pasaportes para misiones en el extranjero. Para la India, tradicionalmente receptor de misioneros cristianos de los países del Oeste, la situación repentinamente se revirtió.

La primera invitación al extranjero que recibió la Madre Teresa tuvo sus comienzos en una conversación de obispos durante el Concilio Vaticano II. Un obispo venezolano necesitaba hermanas para trabajar en un área remota de su país donde afrovenezolanos, propietarios de ricas tierras, estaban siendo amenazados de explotación. La Madre Teresa fue primero para comprobar la necesidad y para hablar con sacerdotes que pudieran celebrar misa para las hermanas y darles guía. Cuando las seis hermanas de la India llegaron, la gente del lugar les preparó un hogar cálido y confortable. Pieza a pieza, el excesivamente mullido sofá, las cómodas sillas, las cortinas con volados, fueron regaladas a las familias pobres. Las hermanas explicaron que sus votos de pobreza les pedían más sencillez. A donde fueran, las hermanas agradecían a los donantes quienes las recibían con lo que a ellos les parecía el confort necesario, como lavarropas en los países occidentales, y luego les explicaban por qué ellas no podían aceptar dichos regalos. Esta forma de vida simplificada significaba que las hermanas podían ser enviadas de una casa en Nueva York a una en Papua, Nueva Guinea, sin haber desarrollado ninguna dependencia hacia el confort consumista inaccesible en la nueva área. Ellas cumplían sus votos de pobreza con una especie de ímpetu espectacular.

Hubo cierta sorpresa cuando en 1971 las Misioneras de la Caridad respondieron al llamado del Cardenal Terence Cooke a que fueran a Nueva York. Ellas hicieron su primer hogar en Harlem, con las Esclavas de María, una congregación religiosa de mujeres negras. Las Misioneras de la Caridad sumaban cinco, cuatro de la India y una hermana de origen alemán, la Hermana Andrea, quien era doctora. Ellas vinieron con sus colchones y unos utensilios de cocina, como los más pobres de los inmigrantes del siglo diecinueve. Su primera tarea fue conocer el vecindario, visitando las familias y la gente que vivía sola. Las hermanas de la India se desconcertaron al ser tomadas primero como mujeres de la nación de Islam.

Ese fue el año en que la obra de Malcolm Muggeridge "Algo hermoso para Dios" fue publicada. Este conmovedor libro, vividamente ilustrado, atrajo la atención del mundo sobre el trabajo realizado por la Madre Teresa. Las Misioneras de la Caridad pronto comenzaron a recibir invitaciones de obispados de todos los continentes. Cuando un grupo de hermanas dejaba la Casa General de Calcuta, ellas llevaban el plan de respuestas de Calcuta, poniendo en práctica la clara guía de su reglamento. Ellas comenzaban su trabajo sin demora visitando e higienizando a los ancianos y a los discapacitados y limpiando los cuartos donde vivían.

Nadie se ofendía con ellas, porque no le quitaban el

trabajo a nadie. Yo vi cómo las hermanas fueron aceptadas en El Cairo donde fueron a los basureros, más allá de la Ciudad de los Muertos, para servir a la comunidad de los recogedores de basura. Allí, entre medio de la suciedad y del olor de elementos en descomposición, familias enteras subsistían revolviendo entre montones de escombros buscando cosas útiles. La clínica de las hermanas era un lugar ocupado, lleno de madres y niños necesitados de cuidados a causa de innumerables enfermedades.

En Bourke, Australia, visité a las hermanas que vivían cerca de la reserva aborigen. El centro de entrenamiento de mujeres aborígenes estaba bien atendido, y las hermanas listas para proporcionar otros servicios, incluyendo el llevar a la gente enferma a centros médicos y enviar una camioneta para ir a buscar a los niños que vivían lejos o no acudían regularmente a la escuela local.

Cuando el documental de cine "La Madre Teresa", producido por Petrie Films, fue mostrado en Moscú, las puertas de la entonces Unión Soviética se abrieron para las Misioneras de la Caridad. Una vez dentro de la URSS, donde la misericordia (miloserdiye), tanto la palabra como la práctica, habían sido desterradas por un sistema que proscribía la actividad religiosa caritativa, las Misioneras de la Caridad fueron bienvenidas desde Leningrado hasta Armenia, desde Tbilisi a Novosirsk, Siberia. Aún Albania, fuertemente cerrada al mundo exterior como una prisión de alta seguridad, repentinamente dio albergue a su ideología y abrió sus puertas.

Uno de los edificios ofrecidos en Tirana, la capital de

Albania, resultó ser una antigua mezquita. "Estaba descuidada, muy sucia", la Madre Teresa me dijo. "Las hermanas la fregaron y limpiaron y se aseguraron de que los hombres tuvieran nuevos lugares. Luego se la devolvimos a los musulmanes. Ellos comenzaron a orar allí."

En 1985 la Madre Teresa me dijo: "Nunca supuse que abriría un Kalighat (Casa para los Moribundos) en la ciudad de Nueva York. Cuando yo oí que la gente estaba muriendo de esta terrible nueva enfermedad, supe que nosotras debíamos hacer algo. Nosotras cuidamos a los moribundos en Kalighat, y ese debe ser nuestro trabajo en Nueva York, también. Encontré que la mayoría de los moribundos eran hombres jóvenes, y que algunos de ellos estaban en prisión". La "nueva terrible enfermedad" era el SIDA.

En vísperas de Navidad, en 1985, la Madre Teresa ayudó a un hombre demacrado a subir los escalones a un hospicio en la Villa Grennwich. Él fue el primer hombre que murió bajo los cuidados de las Misioneras de la Caridad en Nueva York. El hospicio de Nueva York fue el primero de seis pequeños hospicios para enfermos de SIDA abiertos por las hermanas en los siguientes años. Los otros fueron fundados en Baltimore, Filadelfia, Washington, Denver y San Francisco. En la Ciudad de Nueva York las hermanas trabajaban junto con el servicio de SIDA del hospital St. Vicent, y en otras ciudades ellas tenían la cooperación de los hospitales locales. Estos hospicios para enfermos de SIDA están entre los veintisiete pequeños centros conducidos por las Hermanas de la Caridad en los Estados Unidos.

Los observadores de la tarea de la Madre Teresa estaban

maravillados de que el trabajo de su congregación se hubiera implantado en 477 centros en 103 países en poco más de un cuarto de siglo. Para la Madre Teresa, la explicación se encontraba en una palabra: Providencia. Ella nunca vivió en dificultades, aunque hubo muchas. "Dios", ella decía, "es por demás sobrecogedoramente bueno con nosotras. Él responde a nuestras necesidades aún antes de que las hayamos nombrado... Hay un milagro casi diariamente."

Ella mencionaría, por ejemplo, cómo la necesidad de un paciente de recibir un determinado medicamento fue atendida cuando ese medicamento apareció en la parte superior de una caja de medicinas donadas. El "milagro de los panes" ocurrió durante una de mis estadías en Calcuta. Un monzón fuera de temporada dejó la ciudad paralizada. Para los miles que regularmente traían sus vasijas para ser llenadas en los tanques de gacha[1] en el patio de Shishu Bhavan, no había nada. La gente permanecía esperando y empapada: Debido a que las escuelas de Calcuta estaban cerradas, el programa de alimentos para las escuelas CARE no operaba. La oficina de CARE decidió donar toda la comida a la gente de la Madre Teresa. Camiones lo suficientemente grandes como para moverse a través de las inundadas calles trajeron miles y miles de hogazas de pan, envueltas y frescas, al patio de Shishu Bhavan, y las largas filas de gente fueron alimentadas.

El misterio más grande estaba en otro orden, el orden de lo trascendente. Es un gran don el "purificar las puertas de la percepción", como la Madre Teresa fue capaz de ha-

---

[1] Gacha: masa blanda. Comida de harina cocida con agua y sal y aderezada con leche, miel, etc.

cer, a tal punto de poder ver a Cristo en cada ser humano. Transmitir esta visión a otra gente de manera que el resultado sea una completa transformación de la vida, es un misterio más allá de lo que se puede contar, es un misterio de gracia. El reglamento les recuerda a las hermanas que "nosotras, quienes entramos en los ministerios de la vida de Cristo, debemos ser moldeadas en su imagen hasta que él se forme en nosotras" (Galatas 4, 19). En las palabras de la Madre Teresa "igual que la semilla está para ser árbol, de la misma forma estamos nosotras para ser Jesús". Aquellos que crecen en Jesús crecen en la gracia de ver a Jesús detrás de cualquier y de todos los disfraces.

La Madre Teresa, además de mostrar la visión a mujeres de todas las razas de la humanidad que se unían a ella, hizo lo mismo para los Hermanos Misioneros, los Padres Misioneros, y los colaboradores laicos.

Reconocimiento personal

Debido a que pasé considerable tiempo con la Madre Teresa, a menudo me han preguntado cómo era ella realmente. De todas sus cualidades, la que más me llamó la atención fue su vacío de sí misma.[2] Parecía no tener necesidades propias, sino que estaba lista para dar respuesta a cualquier necesidad a su alrededor, lista para ser canal de consuelo para aquellos que se le acercaban casi inconsolables en su pena. Su recogimiento al enfrentar emergencias, incluyendo los

---

[2] (Nota del traductor) ...the most striking to me was her emptiness. Vacío de sí misma en el sentido de olvido de sí, desinterés por sí misma.

precipitados traslados a través del tráfico de la ciudad hacia el aeropuerto, fue una lección inolvidable para aquellos que viajamos con ella. No importa la envergadura de la conmoción a su alrededor, la Madre Teresa parecía estar en calma, su mente y su corazón centrados en Jesús. Sabiendo que ella había hecho frente a las últimas miserias humanas, la gente le presentaba la eterna inquietud de un Dios amoroso y del sufrimiento de sus creaturas.

"Todo ese sufrimiento ¿dónde estaríamos sin él?" una vez preguntó. "Es un inocente que sufre y eso es lo mismo que el sufrimiento de Jesús. Él sufrió por nosotros y todo ese sufrimiento se une a su redención. Es corredención. Esto está ayudando a salvar al mundo de cosas peores." En esa creencia, la cruz de Jesús está detrás de cada cuerpo golpeado y agonizante, por tanto ninguno de los aparentemente inútiles sufrimientos se pierde en la economía divina.

La atención en la Madre Teresa creció a medida que ella recibía menciones honoríficas y medallas incluyendo la Medalla Ceres de la Organización de Agricultura y Alimentos de la ONU. El Premio de Paz Papa Juan XXIII le aportó un gran fondo, como lo hizo el Premio Templeton por el Progreso en la Religión. Durante su septuagésimo año, habiendo recibido el Premio Nobel de la Paz de 1979, su nombre y su trabajo se hicieron aún más conocidos alrededor del mundo. Cuando ella alcanzó su cumpleaños número setenta en agosto de 1980, su cara apareció en millones de estampillas postales de la India.

Todos los honores le eran indiferentes. "Yo no soy centro de mesa del día de otorgamiento de premios", la Madre

Teresa remarcaba. "Es Cristo usándome para unir a toda la gente presente. Yo siento que el juntar a toda esta gente para hablar de Dios es realmente maravilloso." Ella estaba agradecida, de cualquier forma, de que el Premio Nobel de la Paz reconociera trabajos de misericordia como trabajos de paz.

En muchos lugares en los Estados Unidos, incluyendo la Ciudad de Nueva York, le dieron la llave de la ciudad. La ceremonia le resultó extraña. En una presentación le dijeron que era la "primera ciudadana de la ciudad". Más tarde, junto con unos pocos colaboradores, ella señaló: "Ayer, yo fui la primera ciudadana, y yo dije: 'Muchas gracias'. Pero yo no entiendo lo que significa. No hay diferencia, viene de la misma mano. Y mañana, si la gente dice 'Crucifíquenla' está bien. Es la misma mano amorosa. La aceptación de parte de ustedes y de parte mía. Eso es lo que Jesús quiere de nosotros. El que le permitamos usarnos sin consultarnos".

La crítica a ella y a su trabajo llegó. En América Latina, los ataques se centraron en ella porque se preocupaba por la persona individual antes que por combatir las estructuras que producen la pobreza. Ella contesta, simplemente, señalando la distinción de los ministerios, "Si la gente siente que es su vocación el cambiar las estructuras, entonces ese es el trabajo que deben realizar".

Cambios en la perspectiva

A lo largo de los años, noté tres formas en que la Madre Teresa cambió los enfoques. Una respecto a la recolección de fondos para su trabajo. Cuando se formaron grupos de colaboradores, ellos estaban desesperados por la necesidad de juntar fondos para alimentar a los hambrientos y dar medicamentos a los enfermos. Había planes para solventar la continuidad del trabajo. Para su sorpresa, ellos recibieron la palabra de la Madre Teresa, "No recaudar".

Estos colaboradores ecuménicos no cobraban. Su asociación de estilo familiar estaba conducida por voluntarios quienes compartían la visión de la Madre Teresa. Tomaban parte del trabajo de las Misioneras de la Caridad si ellos estaban en el área. Si no, ellos salían con el espíritu de la Madre Teresa de aliviar la carga de hombres, mujeres y niños que conocían al mundo en su peor aspecto. Inevitablemente, les daban fondos a los colaboradores, quienes se mantenían en contacto a través de un boletín informativo de bajo costo. Un boletín informativo internacional, llevando historias de algunos de los grupos en setenta países, fue producido por el Dr. Warren Kump y su esposa, Patricia, de Minneapolis, Minnesota. El costo de la impresión y de envío alrededor del mundo era el regalo de navidad anual de Warren Kump a su esposa.

Al comienzo la Madre Teresa salía a suplicar comida, medicinas y fondos en Calcuta. Ella lo enlistó al Padre Van Exem en la tarea de juntar ayuda y consignar noticias en el diario local. Un habitante de Calcuta contó un incidente de aquellos tempranos días cuando la Madre Teresa iba de oficina en oficina buscando fondos. La mayoría de los hombres de negocios respondían, pero un hombre escupió en su mano extendida, diciendo: "¡Tome esto!" "Esto era para mí", contestó suavemente la Madre Teresa y extendiendo la otra palma: "Ahora , ¿habría algo para mis chicos?"

Yo noté un cambio en sus métodos mientras la acompañaba a charlas a grupos en Calcuta que incluían estudiantes de secundaria. Estas audiencias pertenecían a varias comunidades religiosas. Después de describir las necesidades de los niños y la bondad de las familias pobres, ella decía: "Esta es una oportunidad de hacer algo hermoso para Dios", y lo dejaba allí.

Un comerciante hindú de gran fortuna, preocupado por el destino de las hermanas cuando se enfermaran o envejecieran, quería depositar una enorme suma en un banco a su nombre. Él explicó que los fondos no debían tocarse, que solo se permitiría retirar los intereses, hasta que se usase el capital un tiempo más adelante. La Madre Teresa dijo al hombre de negocios que, aun estando profundamente agradecida por su generosa preocupación, ella no podía aceptar la donación. No podía guardar dinero en el banco, explicó, mientras había gente muriendo de hambre. El hombre se conmovió tanto que realizó la donación sin fijar condiciones.

Cuando las Misioneras de la Caridad llegaron a Nueva York, la Arquidiócesis les ofreció poner a disposición de cada hermana una suma de dinero cada mes para sus gastos. El ofrecimiento fue rechazado. La providencia era todo.

Un segundo cambio de perspectiva con respecto a la pobreza. La Madre Teresa había tratado con lo extremo en cuanto a necesidades humanas y sufrimiento físico. Después de sus experiencias en el Oeste, ella afirmó, "La peor enfermedad hoy no es la lepra, es el no ser querido, ser dejado afuera, ser olvidado. El peor flagelo es el olvido de la persona que está al lado, el estar tan sofocado con cosas que no tenemos tiempo para la persona que está sola, aun cuando es una persona dentro de nuestra propia familia la que nos necesita".

"Cuando nuestras hermanas estaban visitando a los ancianos de Harlem, llegaron a una puerta donde nadie contestaba. La mujer había estado muerta durante días y nadie lo sabía, excepto por el olor en el pasillo. Hay tantos a quienes sólo se los conoce por el número en su puerta."

"Quizás si no hubiese levantado a esa persona moribunda en la calle, no habría levantado a las miles. Nosotros debemos pensar "Ek" (la voz bengalí para uno). Yo pienso "Ek, Ek." Uno, uno. Esa es la forma de comenzar."

LA HACEDORA DE LA PAZ

Un tercer desarrollo en su visión se refería a la guerra. Cuando nosotras hablamos por primera vez, yo le expliqué que muchas de nosotras, influidas por Dorothy Day, nos habíamos transformado en las pacifistas del "Sermón de la Montaña", rehusándonos a tomar parte en la guerra. "Pero seguramente", ella me había respondido, "un país tiene el derecho a defenderse". Ella no sabía nada de la tradición de la guerra justa. A medida que pasó el tiempo, su defensa por la vida, tan magníficamente expresada en el Hogar de los Moribundos, alcanzó a contraatacar la creciente ola de abortos. En su discurso de aceptación del Premio Nobel citó el primer reconocimiento al Príncipe de la Paz en el vientre de Isabel.

"No usemos bombas y revólveres para vencer al mundo", dijo la Madre Teresa a las naciones que derramaban copiosamente los bienes de su gente en armas para la muerte. "Usemos amor y compasión. Prediquemos la paz de Cristo como Él mismo lo hizo. Él iba haciendo el bien... Si todo el mundo viera la imagen de Dios en su vecino, ¿ustedes piensan que necesitaríamos aún de tanques y generales?"

Cuando Dorothy Day y yo visitamos Calcuta en 1970 como parte de una misión de paz alrededor del mundo, la Madre Teresa puso la cruz de las Misioneras de la Caridad en el hombro izquierdo de Dorothy. "Tú eres ahora una Misionera de la Caridad", dijo. Dorothy había hablado a las hermanas congregadas en la Casa General acerca de gente laica en Trabajador Católico quienes elegían no sólo la pobreza sino también la no violencia evangélica, viendo a Jesús en el enemigo.

El horror a la guerra de la Madre Teresa, y el retroceso consecuente en los trabajos de misericordia y amor, rompió con su prescindencia a participar en cuestiones políticas cuando la Guerra del Golfo de 1991 se volvió inminente. Ella dirigió una larga carta rogando: "Por favor elijan el camino de la paz", a los presidentes George Bush y Saddam Husein. Ella escribió: "Ustedes tienen el poder y la fuerza para destruir la presencia y la imagen de Dios, sus hombres, sus mujeres y sus niños. Por favor escuchen la voluntad de Dios.

Dios nos creó para ser amados por su amor y no para ser destruidos por nuestro odio. A corto plazo puede que haya ganadores y perdedores en esta guerra que todos nosotros tememos, pero lo que nunca podrá y nunca justificará es el sufrimiento, el dolor y las pérdidas de vidas que sus armas causarán. Yo me acerco a ustedes en el nombre de Dios, el Dios a quien todos amamos y compartimos, para rogar por los inocentes, nuestros pobres del mundo y aquellos que se convertirán en pobres por esta guerra... Ustedes pueden ganar la guerra pero, ¿cuál será el costo sobre la gente que quedará quebrada, discapacitada, y perdida?"

Poco después del final de la Guerra del Golfo Pérsico, la Madre Teresa estaba en medio del caos de Irak. Quizás, debido a su carta, se le pidió que trajera grupos de hermanas. El primer grupo empezó a trabajar en el edificio detrás del hospital de San Rafael conducido por los Católicos Caldeos. "Nosotros estamos en el corazón de Bagdad", ella escribió. "La casa está llena de niños desnutridos y tullidos. La necesidad es tan grande. Yo no sé cuánto tiempo tomará reconstruirlo. Yo nunca pensé que nuestra presencia pudiera traer tanta alegría a miles de personas, hay tanto sufrimiento en todos lados."

Yendo a casa con Dios

En el otoño de 1991 la Madre Teresa, a la edad de 81 años, comenzó un viaje desde Calcuta que la llevó a Roma, Varsovia, Nueva York, Washington, San Francisco. En la mayoría de esas ciudades recibió a jóvenes mujeres quienes tomaban los votos como Misioneras de la Caridad, veintisiete en Washington solamente. Su siguiente destino fue Tijuana, México, donde había Hermanas y Padres Misioneros de la Caridad.

Luego ella se desplomó. Había sobreexigido a un corazón que ya no funcionaba con la ayuda de un marcapasos. Al igual que lo sucedido en Roma en 1983 y en Calcuta en 1989, había nuevamente ansiedad en todo el mundo por su supervivencia. La gente de prensa y de la televisión se congregó en el Centro Médico Scripps en La Jolla, al cual ella había sido llevada. Los mensajes llegaban de todo el mundo, de los Jefes de Estado, incluyendo al presidente y la Sra. Bush. Las noticias de radio y televisión presentaban reportajes a sus médicos. ¿Sería este el momento para usar las palabras de la Madre Teresa, cuando ella "volviera a casa con Dios"? Nuevamente se oyeron preguntas sobre quién la sucedería como madre general de las Misioneras de la Caridad. Ella había contestado a esto años atrás. "Esperen a que la Madre Teresa muera primero. Dios encontrará a alguien tan débil como yo para seguir su trabajo." Cuando ella se repuso, los doctores le dijeron que debía tener más descanso, a lo cual respondió que tendría toda la eternidad para descansar.

En enero de 1992 partió a Roma, acompañada por Joseph Langford, MC, para presentar la constitución de los

Padres Misioneros de la Caridad al Santo Padre. Cuando nosotros la vimos en una pequeña escala en Nueva York, estaba más frágil, más encorvada que nunca. Sus ojos estaban luminosos, a pesar de todo, cuando hablaba de su nueva casa en Albania y nos pidió que rezáramos por la entrada de la hermanas en China.

En Calcuta, en septiembre de 1992, la Madre Teresa fue sometida a una operación por un bloqueo en un vaso sanguíneo y parecía próxima a morir. A pesar de que se mejoró una vez más y de que continuó con sus viajes alrededor del mundo para visitar las casas de la Misioneras de la Caridad, ella no recuperó totalmente su fortaleza. Fue hospitalizada en varias oportunidades en 1996 por nuevos problemas cardíacos y respiratorios.

En marzo de 1997 la congregación accedió a su pedido, presentado por primera vez hace casi diez años, para renunciar a su dirección, y se eligió como su sucesora a la Hermana Nirmala Joshi de 62 años, una mujer de la India convertida del Hinduismo. En junio la Madre Teresa visitó el convento de las Misioneras en el Sur del Bronx. Mientras ella estaba allí mantuvo una conversación de cuarenta y cinco minutos con la princesa Diana, quien también se encontraba en Nueva York en ese entonces.

La Madre Teresa volvió a Calcuta, donde en la tarde del 5 de septiembre, murió de un ataque masivo al corazón, a menos de una semana de la muerte de la Princesa.

El Gobierno indio inmediatamente anunció que habría un funeral de estado para la Madre Teresa el día 13 de septiembre. Cuando oí esto, me pregunté, como muchas veces antes, cómo esta pequeña, arrugada, y gastada mujer podía convocar la atención del mundo.

El mundo le estaba respondiendo a una mujer consumida por el Evangelio de Jesús, a una mujer viviendo hasta las últimas consecuencias todas las bienaventuranzas, a una mujer que era la viva reencarnación de una de ellas: "Bienaventurados los misericordiosos." La Madre Teresa tomó a Jesús al pie de la letra y lo aceptó con un amor incondicional hacia aquellos con quienes él eligió identificarse, los hambrientos, los que no tienen abrigo, los que sufren. Ella los envolvió en misericordia. Misericordia, después de todo, es sólo amor bajo el aspecto de necesidad, amor que sale al encuentro de las necesidades de la persona amada.

¿La vida de nuestro tiempo no podría ser cambiada maravillosamente para mejor si millones de sus seguidores tomaran a Jesús al pie de la letra?

EILEEN EGAN (1912-2000)
20 DE AGOSTO DE 1998

Parte II

Sobre la oración

Fueron los apóstoles quienes le pidieron a Jesús: "Jesús, enséñanos cómo orar" porque lo veían orar muy a menudo y sabían que él estaba hablando con su Padre. Cómo debieron ser esas horas de oración, nosotros sólo lo sabemos a través del amor continuo de Jesús por su Padre, "¡Mi Padre!" Y él les enseñó a sus discípulos una forma muy sencilla de hablar con Dios mismo.

Antes de que Jesús viniera, Dios era grande en su majestuosidad, grande en su creación. Y luego, cuando Jesús se encarnó, él se hizo nuestro, porque tanto amó Dios al mundo que le dio a su Hijo. Y Jesús amaba a su Padre, y quería que nosotros aprendiéramos a rezar amándonos los unos a los otros como el Padre lo amaba a él.

"Te amo", siempre decía, "como el Padre los amó, ámenlo a él." Y su amor fue la cruz, su amor fue el pan de vida. Y él desea que nosotros oremos con un corazón limpio, con un corazón simple, con un corazón humilde. "A menos que ustedes se vuelvan niños, no podrán ver a Dios." El transformarse en niño pequeño significa ser uno con el Padre, amar al Padre, estar en paz con el Padre, nuestro Padre.

La oración no es nada más que estar en la familia, ser uno con el Padre en el Hijo y en el Espíritu Santo. El amor del Padre por su Hijo, el Espíritu Santo. Y el amor, nuestro amor por el Padre, a través de Jesús, su Hijo inundado con el Espíritu Santo, es nuestra unión con Dios, el fruto de esa oración es lo que nosotros llamamos oración. Nosotros le hemos dado ese nombre pero de hecho orar no es nada más que esa unidad con Cristo.

Como San Pablo ha dicho, "Yo ya no vivo más, sino Cristo vive en mí". Cristo reza en mí, Cristo trabaja en mí, Cristo piensa en mí, Cristo mira a través de mis ojos, Cristo habla a través de mis palabras, Cristo trabaja con mis manos, Cristo camina con mis pies, Cristo ama con mi corazón. Es como la oración de San Pablo que afirma, "Yo pertenezco a Cristo y nada me separará del amor de Cristo." Es esta unidad: unidad con Dios, unidad con el Maestro en el Espíritu Santo.

Y si realmente queremos aprender a orar debemos primero aprender a escuchar, debido a que en el silencio del corazón Dios habla. Y para ser capaz de escuchar ese silencio, para ser capaces de escuchar a Dios necesitamos un corazón limpio; puesto que un corazón limpio puede ver a Dios, puede oír a Dios, puede escuchar a Dios; y luego sólo desde la plenitud de nuestro corazón podemos nosotros hablar con Dios. Pero nosotros no podemos hablar hasta que no hayamos escuchado, hasta que no hayamos hecho esa conexión con Dios en el silencio de nuestro corazón.

Y por lo tanto, la oración no supone que sea una tortura, no supone que nos haga sentir inquietos, no supone que nos traiga problemas. Es algo deseable, el hablar con mi Padre, el hablar con Jesús, a quien yo pertenezco: cuerpo, alma, mente y corazón.

Y cuando lleguen los tiempos en que no podamos rezar, es muy simple: si Jesús está en mi corazón, dejémoslo a él rezar, que yo le permita a él rezar en mí, que hable a su Padre en el silencio de mi corazón. Como yo ya no puedo hablar él hablará; ya que yo no puedo rezar él va a rezar. Es por esto que deberíamos decir a menudo: "Jesús en mi corazón, creo en tu amor fiel hacia mí, te amo." Y cuando no tengamos nada para dar démosle a él esa nada. Cuando no podamos rezar démosle nuestra capacidad a él. Hay todavía una razón más para permitirle a él que rece en nosotros al Padre: pidámosle a él que rece en nosotros, porque nadie conoce al Padre mejor que él. Nadie puede rezar mejor que Jesús. Y si mi corazón es puro, si en mi corazón Jesús está vivo, si mi corazón es un tabernáculo de Dios vivo para santificarlo en la gracia: Jesús y yo somos uno. Él reza en mí, él piensa en mí, él trabaja conmigo y a través de mí, él usa mi lengua para hablar, él usa mi cerebro para pensar, él usa mis manos para tocarlo en su cuerpo quebrado.

Y para nosotros que tenemos el precioso regalo de la Santa Eucaristía todos los días, ese contacto con Cristo es nuestra oración; ese amor por Cristo, esa alegría en su presencia, ese rendirse a su amor por Cristo, es nuestra oración. Ya que la oración no es nada más que esa completa rendición, completa unidad con Cristo.

Y esto es lo que nos hace contemplativos en el corazón del mundo; debido a que permanecemos veinticuatro horas en su presencia: en los hambrientos, en los sin hogar, en los no deseados, en los sin amor, sin cuidados; porque Jesús dijo "lo que hagan al más pequeño de mis hermanos, me lo hacen a mí".

De allí que al hacérselo a él, estamos orando en el trabajo; porque al hacerlo con él, haciéndolo por él, haciéndolo a él, lo estamos amando a él; y a medida que más lo amamos entramos más y más en esa unidad con él y le permitimos a él vivir su vida en nosotros. Y este vivir de Cristo en nosotros es santidad.

Extraído de una charla dada en Berlín, el 8 de junio de 1980

Cuando a la Madre Teresa le preguntaban si su gente había sido gente de la montaña, ella respondía, "No, no lo eran. Hasta lo que nosotros sabemos, ellos eran gente de ciudad. Ellos dicen que nosotros éramos pastores, pero eso no es verdad." Luego ella se reía: "Pero eso no importa. Todos somos pastores frente a Dios".

"¿Cómo conservaron su fe?", alguien preguntó. Ella contestó con tres palabras: "Por la oración".

Parte III

Oraciones

1
ORACIÓN PARA LA PAZ
DE SAN FRANCISCO DE ASÍS

A medida que pasaban los años, la Madre Teresa se transformaba más y más en una voz para la paz y reverenciaba la vida siguiendo los pasos de San Francisco de Asís. El saludo habitual del hermano Francisco era "El Señor te dé la paz" en una época que no fue, precisamente, una tierna edad de la inocencia, sino un tiempo en el que la violencia constituía una terrible realidad: guerra entre las ciudades y las Cruzadas. Francisco no sólo liberó a los miembros de su Tercera Orden de la obligación de portar armas sino también intervino por la paz durante las Cruzadas. Durante los días más sangrientos, Francisco con el hermano Illuminato se atrevieron a penetrar las líneas enemigas para hablarle al sultán sobre Jesús. A continuación, la oración de San Francisco por la paz:

Señor, hazme un instrumento de tu paz;
donde haya odio, ponga amor;
donde haya ofensa, ponga perdón;
donde haya discordia, ponga unión;
donde haya error, ponga verdad;
donde haya duda, ponga fe;
donde haya desesperación, ponga esperanza;
donde haya tinieblas, ponga tu luz;
donde haya tristeza, ponga alegría.

Señor, que no busque tanto ser consolado, como consolar; ser comprendido como comprender; ser amado como amar; porque dando se recibe; perdonando se es perdonado y muriendo se resucita a la vida eterna. Amén.

2
Oración por la amistad con Dios

La madre Teresa señalaba que la presencia amorosa de un Dios misericordioso estaba disponible para todos en forma gratuita. "Que hablen inmediatamente con el Dios interior", era lo que la Madre Teresa señalaba cuando pedía a la gente que rezara.

Que el sonido de tu voz resuene siempre en mis oídos, buen Jesús, para que pueda aprender cómo mi corazón, mi mente y mi alma pueden amarte. Que las más íntimas porciones de mi corazón te abracen, mi único y solo bien, mi dulce alegría, mi amigo verdadero.

3
ORACIÓN MANTRA PARA LA PAZ DE SATISH KUMAR

En Londres, la Madre Teresa fue elegida entre todos los promotores de la paz del mundo para elevar la primera oración por la paz. Ella rezó el mantra de la paz escrito por Satish Kumar, un seguidor de Gandhi. Un mantra, en el concepto hindú, es una oración reiterada que renueva la energía espiritual.

Condúceme de la muerte a la vida,
  del error a la verdad.
Condúceme de la desesperación a la esperanza,
  del temor a la confianza.
Condúceme del odio al amor,
  de la guerra a la paz.
Que la paz llene nuestros corazones,
  nuestro mundo, nuestro universo. Amén.

4
LA MEDITACÍON ACERCA DE JESÚS DE LA MADRE TERESA

Como dijera la Madre Teresa, fue un accidente menor lo que la llevó el 2 de junio de 1983 a ser atendida por los médicos. Ellos informaron a la prensa mundial que parte del tratamiento respondía a su mala circulación sanguínea y que ella se había negado a recibir los calmantes indicados. "Ella quiere ofrecer su sufrimiento a Dios", afirmaron. Cuando recuperó su fortaleza, la Madre Teresa pidió lápiz y papel para anotar el fruto de sus meditaciones durante la convalecencia. El 19 de junio escribió esta letanía:

> *¿Quién es Jesús para mí?*
> *La Palabra hecha carne.*
> *El Pan de Vida.*
> *La Víctima ofrecida en la cruz.*
> *El Sacrificio ofrecido en la Santa Misa*
>   *por los pecados del mundo y los míos.*
> *El Camino a seguir.*
> *La Alegría para ser compartida.*
> *La Paz para ser dada.*
> *El Leproso, para lavar sus heridas.*
> *El Mendigo, para darle una sonrisa.*
> *El Alcohólico, para escucharlo a él.*
> *El Enfermo mental, para protegerlo a él.*
> *El Pequeño, para abrazarlo a él.*
> *El Ciego, para conducirlo a él.*

El Tonto, para hablar con él.
El Lisiado, para caminar con él.
El Drogadicto, para hacerse amigo de él.
La Prostituta, para sacarla del peligro
   y hacerse amigo.
El Prisionero, para ser visitado.
El Anciano, para ser servido.
Para mí, Jesús es mi Dios.
Jesús es mi Cónyuge.
Jesús es mi vida.
Jesús es mi único amor.
Jesús es mi todo en todo.
Jesús es todas las cosas.
A Jesús lo amo con todo mi corazón, con todo mi ser.
   Yo le he entregado todo, aun mis pecados,
   y Él me ha desposado en ternura y amor.
   Ahora y de por vida, yo soy la esposa
   de mi crucificado esposo. Amén.

5
ORACIÓN DE PAZ EN NAGASAKI

En una visita a Japón, la Madre Teresa visitó Nagasaki, ciudad donde detonara la segunda bomba nuclear el 9 de agosto de 1945. Ella escribió una oración en el avión que la trasladaba y el 26 de abril de 1982, de pie exactamente en el punto donde la bomba había explotado, rezó:

Padre Eterno, en unión con el sufrimiento y la pasión de Cristo, quien revive en cada misa, te ofrecemos el dolor y el sufrimiento causado por la bomba atómica en este lugar a miles de personas y te imploramos, Padre Eterno, que protejas al mundo entero del dolor y el sufrimiento que una guerra nuclear traería a la gente del Japón y de todo el mundo, ya demasiado lleno de temor, desconfianza y ansiedad entre las naciones. Padre Eterno, ten piedad de todos nosotros. Amén.

6
ORACIÓN DE SAN GREGORIO DE NACIANZO

La Madre Teresa le dio voz a una tradición cristiana ancestral relacionada con la pobreza. Un santo del siglo IV, Gregorio de Nacianzo dijo: "Amigos, no malgastemos los dones que Dios nos hace, o Dios dirá: Avergüéncense ustedes que se guardan para ustedes mismos lo que pertenece a otros. Imiten la mano ecuánime de Dios y nadie será pobre". He aquí una oración de aquel apóstol de los pobres:

Recuerda, oh Señor, mi pobreza; perdona mis pecados. En el lugar donde abunda la iniquidad, permite que abunde tu gracia. No le quites a tu gente la gracia del Espíritu Santo. Ten misericordia de nosotros, oh Dios nuestro Salvador; ten misericordia de nosotros, oh Dios nuestro Salvador. Da a tu gente simpleza de corazón. Amén.

7
ORACIÓN PARA LA RECONCILIACIÓN

Entre las reglas de la Madre Teresa para la paz estaba la enseñanza de la reconciliación antes de llevar una ofrenda al altar y la orden de no guardar rencor. Ella era una voz de reconciliación y perdón al rezar:

Oh Jesús, a través de tu compasión,
    enséñanos a perdonar desde el amor;
    enséñanos a olvidar desde la humildad.
Ayúdanos a examinar nuestro corazón
    y a ver si hay alguna herida no perdonada,
    o alguna amargura sin olvido.
Permite que el Espíritu Santo penetre en mi espíritu
    y remueva todo rastro de enojo.
Derrama tu amor, paz y alegría en nuestros corazones
    en proporción a nuestro vacío de propia
    complacencia, vanidad, ira y ambición.
Ayúdanos a cargar con ánimo la cruz de Cristo. Amén.

8

SALMO PARA LA ENTREGA

Detrás del altar de la Casa General de las Hermanas de la Caridad había un crucifijo con la expresión "Tengo sed". Estas palabras no sólo recuerdan las dichas por Jesús en la cruz, sino también la simbólica sed de amor de la humanidad. Y remiten además al salmo 69 de las Escrituras hebreas.

¡Sálvame, oh Dios,
  que estoy con el agua hasta el cuello!
Estoy hundido en un pantano sin fondo,
  no puedo hacer pie;
  estoy metido en aguas profundas,
  me arrastra la corriente.
Estoy agotado de gritar, tengo la garganta ronca,
  se me nubla la vista de tanto esperar a mi Dios.
Más que los cabellos de mi cabeza
  son los que me odian sin motivo;
  más fuertes que yo, los que me atacan sin razón.
¿Es que tengo que devolver lo que no he robado?
Pero yo dirijo mi oración a ti, Señor,
  en el tiempo propicio;
  por tu inmenso amor respóndeme,
  sálvame, oh Dios, pues eres fiel.
Sácame del fango, que no me hunda,
  que me vea libre de los que me odian
  y de las aguas profundas.

Respóndeme, Señor, pues tu amor es bondadoso,
 por tu inmensa ternura no te alejes de mí.
Los insultos me han roto el corazón y casi muero;
 espero compasión, y no la hay;
 consoladores, y no los encuentro.
Me pusieron veneno en la comida,
 me dieron a beber vinagre para mi sed.
Hazlos responsables de todas sus culpas.
Pero a mí, humilde y afligido,
 que tu salvación, oh Dios, me restablezca.
Yo alabaré el nombre de Dios con cantos,
 proclamaré su grandeza dándole gracias.
Véanlo ustedes, los humildes, y alégrense,
 recobren el ánimo, los que buscan a Dios.
Porque el Señor escucha a los necesitados,
 y no rechaza a sus cautivos.

9
ACTO DE CONTRICIÓN

De retiro, las Hermanas Misioneras de la Caridad recitan un acto de contrición pidiendo perdón al Creador por cualquier cosa realizada durante el día que pueda haber sido una ofensa. Luego es tiempo de ir a dormir, generalmente hacia las diez de la noche.

> *¡Oh mi Dios! Lamento de corazón haberte ofendido y detesto todos mis pecados, porque temo la pérdida del cielo y los sufrimientos del infierno, pero sobre todo, porque ellos te ofenden a ti, mi Dios, que eres todo bondad y merecedor de todo mi amor. Firmemente me propongo, con la ayuda de tu gracia, confesar mis pecados, hacer penitencia y enmendar mi vida. Amén.*

10
ORACIÓN PARA IRRADIAR A CRISTO

No se podría haber previsto que desde la Casa General en Calcuta, como corazón y centro, cientos de capillas se fundarían en un círculo siempre creciente. En menos de dos décadas las palabras "Tengo sed" aparecerían en capillas erigidas en los rincones más apartados y pobres del mundo, desde un asentamiento aborigen en un despoblado de Australia hasta un lugar de reunión para los enfermos y los sin ayuda en Tanzania. Una de las oraciones rezadas ante el crucifijo de la capilla era "Irradiando a Cristo" compuesta por John Henry Newman.

Querido Jesús:
Ayúdame a esparcir tu fragancia en todos
los lugares donde esté.
Colma mi corazón con tu Espíritu y tu vida.
Penetra mi ser y tómame de tal forma
que mi vida se transforme en radiación
de tu propia vida.
Ilumina a través de mí y permanece en mí de tal modo
que cada alma con la que yo entre en contacto
pueda sentir tu presencia en mí.
Que la gente no me vea a mí sino te vea a ti en mí.
Permanece en mí para que brille con tu luz,
y permite que otros sean iluminados por mi luz.
Toda la luz vendrá de ti, oh Jesús.
Ni siquiera el rayo más pequeño de luz será mío.
Tú iluminarás a otros a través de mí.
Pon en mis labios tu mayor plegaria
iluminando a otros a mi alrededor.
Que yo predique con acciones más que con palabras,
con el ejemplo de mis actos,
con la luz visible del amor que viene
de ti a mi corazón. Amén.

John Henry Newman

11
ORACIÓN PARA LA OBEDIENCIA

Mientras la Madre Teresa estaba afuera, les pidió a sus Hermanas Superioras que practicaran la obediencia: prontamente, simplemente, ciegamente, alegremente, porque Jesús fue obediente hasta la muerte.

Querido Señor, que cargue con la culpa,
*   la acusación o el castigo de otros tan pacientemente*
*   como si provinieran de mí.*
Que obedezca silenciosamente cuando me corrigen,
*   confiese mi culpa humildemente y realice enmiendas*
*   alegremente.*
Que no me apure en buscar excusas,
*   sino que acepte la vergüenza y la culpa*
*   aun por aquellas faltas que no cometí. Amén.*

San Francisco de Asís

12
ORACIÓN AL VESTIRSE

Cada hermana de la Caridad reza sobre sus simples túnicas mientras se viste cada mañana. Su ruego pide pasar el día en la presencia de Dios, viviendo al máximo su voto de servicio a los pobres.

*Querido Señor, al ponerme este sari, te pido que este
   hábito me recuerde mi separación del mundo
   y sus vanidades.*
*Que el mundo no sea nada para mí y yo nada para el
   mundo.*
*Que me recuerde mi vestido bautismal y me ayude a
   mantener mi corazón puro de pecado precisamente
   por hoy.*
*Al calzarme estas sandalias prometo sobre mi libre
   voluntad, querido Jesús,
   seguirte a donde quiera que tú vayas
   en búsqueda de almas, a cualquier costo
   para mí y sólo por puro amor a ti. Amén.*

13
Oración dedicada al Sagrado Corazón

La Madre Teresa escribió a sus hermanas mientras viajaba a Roma para pedir el reconocimiento pontifical de la orden. Dio instrucciones de comenzar una novena al Sagrado Corazón para que ellas fueran merecedoras de ese gran regalo.

*Me ofrezco a ti, oh Sagrado Corazón de Jesús, con la
intención que toda mi vida, todos mis sufrimientos, todas mis acciones, todo mi ser sea empleado en amarte,
adorarte y glorificarte. ¡Que mi corazón se consuma y
se reduzca a cenizas por el esfuerzo de amarte! ¿Por*

qué no ser todo corazón para amarte y todo espíritu para adorarte? Otórgame, yo te imploro, que de aquí en adelante te ame sólo a ti, y todas las cosas en ti y para ti.

Santa Margarita María Alacoque

14
Oración para la caridad

La Madre Teresa les pidió a sus Hermanas menores que practicaran la caridad: palabras, hechos, pensamientos, deseos, sentimientos, porque Jesús fue dando amor a todos.

*¡Oh mi Dios! Te amo por sobre todas las cosas
    con todo mi corazón
y toda mi alma, porque eres todo bondad y merecedor
    de todo mi amor.
Perdono a todos los que me han lastimado y pido perdón
    a todos los que he lastimado. Amén.*

15
ORACIÓN PARA ANTES DE DORMIR

Cada hermana de la Caridad, que había rezado por la mañana sobre su hábito y sus sandalias mientras se vestía por el día que viviría en presencia de Dios, antes de acostarse a dormir examinaba su conciencia haciéndose preguntas sobre los cuatro votos:

Querido Señor,
¿Me doy cuenta de que soy realmente rica cuando
   poseo el Reino?
Ayúdame a alcanzar esa convicción.
¿Soy realmente feliz de ser pobre?
Ayúdame a serlo.
¿Me pongo a disposición precisamente
   porque soy pobre y estoy a disposición por Cristo?
Ayúdame a estarlo.
¿Es mi obediencia activa y responsable y la expresión
   de mi amor por Cristo?
Ayúdame a mostrarlo.
¿Rezo al trabajar?
Asegúrate de que así sea.
¿Me encuentro con Jesús en el angustiado disfraz
   de los pobres a quienes sirvo?
Ayúdame a ser tu verdadero rostro. Amén.

16

ANIMA CHRISTI

El libro de oraciones de las Misioneras de la Caridad era un pequeño manual hecho en el papel más barato. Estaba impreso en inglés, la lengua común de la Sociedad, y contenía oraciones tan comunes como Anima Christi.

Alma de Cristo, santifícame.
Cuerpo de Cristo, sálvame.
Sangre de Cristo, embriágame.
Agua del costado de Cristo, lávame.
Pasión de Cristo, confórtame.
Oh Buen Jesús, óyeme.
Dentro de tus llagas escóndeme
y no permitas que me aparte de ti.
Del enemigo maligno, defiéndeme.
A la hora de mi muerte, llámame.
Y mándame ir a ti
para que con tus santos te alabe,
por los siglos de los siglos. Amén.

17
ORACIÓN POR LA POBREZA

La Madre Teresa encargó a sus novicias que practicaran la pobreza: en los deseos, apegos, en gustos y desagrados, porque Jesús siendo rico se hizo pobre por nosotros.

Querido Señor, para seguirte en tus pasos, danos la gracia de abrazar tu pobreza por sobre todo otro compromiso humano. Que vivamos nuestras vidas de acuerdo con la pobreza de nuestro más alto Señor, Jesucristo y su santa Madre. Que perseveremos hasta el fin. Ayúdanos a mantenernos en estrecha vigilancia propia para que nunca abandonemos esta pobreza por nuestras fallas o por consejo o enseñanza alguna.

Basada en el Reglamento de San Francisco

18
ORACIÓN POR LA CASTIDAD

A sus postulantes la Madre Teresa pidió sacrificios en nombre de la castidad: castidad en el pensamiento, afectos, en deseos y apegos, en evitar conversaciones vanas.

Oh Señor Jesucristo, guardián de las almas castas y amante de la pureza, que te complaciste de tomar nues-

tra naturaleza y de nacer de la Inmaculada Virgen, misericordiosamente considérame y preserva mi castidad. Crea en mí un corazón limpio, oh Dios, y renueva en mí un espíritu correcto. Ayúdame a evitar pensamientos impuros, a dominar cada deseo pecaminoso para que, habiendo sobrellevado esta tentación, pueda servirte con un cuerpo casto y un corazón puro. Amén.

19
Oración de Gandhi

En Calcuta hay una imagen de Gandhi de pie sosteniendo el bastón del peregrino sobre un pedestal de aproximadamente cinco metros de altura. Gandhi había estado en Bengala adonde había caminado de pueblo en pueblo como un peregrino para la paz entre musulmanes e hindúes. En el pedestal está esculpida una oración de Gandhi.

*En medio de la muerte,
la vida persiste.
En medio de la mentira,
la verdad persiste.
En medio de la oscuridad,
la luz persiste.
De aquí yo deduzco que Dios es
Vida, Verdad y Luz.*

20
ORACIÓN PARA OBTENER LA DIVINA PROVIDENCIA

A menudo felices coincidencias ocurrieron con la Madre Teresa, las cosas sucedían en el momento oportuno y en el lugar correcto. La Madre Teresa atribuiría estas situaciones a la providencia, en el sentido de Provisor providebit (el Proveedor proveerá). Dios, como el proveedor de todo, tiene y va a proveer a sus creaturas, pero hay una diferencia entre providencia ordinaria por la cual nuestras necesidades diarias son satisfechas, y providencia extraordinaria por la cual respuestas totalmente inesperadas o inclusive altamente improbables se materializan para satisfacer una necesidad. La Madre Teresa parecía no hacer distinciones entre providencia ordinaria y extraordinaria. Casi todas las veces que habló llamó la atención sobre la amorosa delicadeza con la cual Dios baja para alcanzar las necesidades humanas.

Providencia de mi Dios, me abandono a ti sin reservas.
    Pongo mi destino en tus manos.
Te confiero el cuidado de mi cuerpo y de mi alma,
    mi salud y mi reputación, mis bienes y mi fortuna,
    mi vida y mi muerte y, especialmente mi eterna
salvación.
Ya no deseo gobernarme a mí mismo sino ser gobernado
    en todas las cosas por tu providencia.
No me daré por vencido ante inútiles ansiedades o
    cuidados innecesarios,

pero haciendo por mi parte lo que tú ordenes,
te confiero a ti el éxito de todos mis esfuerzos.
Y no comenzaré nada que no haya confiado a tu cuidado,
y en todas las dificultades y dudas recurriré a ti como
un recurso infalible de ayuda.
Y así pacíficamente y conforme en todo,
viviré y moriré en el reino y bajo la dirección
de tu divina providencia. Amén.

Beato Juan Martín Moye

21
ORACIÓN POR EL VALOR A NO SER INDIFERENTES

La Madre Teresa participó como entrevistada en un panel sobre "¿Por qué la gente debería preocuparse?" Uno de los panelistas era Elie Wiesel, sobreviviente del campo de exterminio de Auswitchz, escenario del asesinato de más de cuatro millones de seres humanos. Él señalaba la indiferencia y el olvido de los grandes crímenes, como por ejemplo el holocausto, como una de las causas por qué gran parte de la humanidad —incluso toda la humanidad— puede ser víctima de la destrucción masiva. "La historia de lo que fue hecho a mi gente", dijo Wiesel, "puede salvar a toda la humanidad de un destino similar. Esto significa: a nosotros nos debe importar, por temor a que todos seamos víctimas de nuestra propia indiferencia".

Danos coraje, oh Señor, para estar de pie y ser contados, para pararnos por aquellos que no pueden estar de pie por sí mismos, para pararnos por nosotros mismos cuando es necesario que lo hagamos.

Que no temamos a nada más que a ti. Que no amemos a nada más que a ti, porque así no temeremos nada.

Que no tengamos otro dios delante de ti, ni nación, ni estado.

Que no busquemos otra paz sino la tuya.

Alan Paton

22
ORACIÓN EN HONOR DE LA SANTA CRUZ

La Madre Teresa contó la siguiente historia cuando estaba por visitar Yemen, país completamente musulmán. Ella le había dicho al Primer Ministro de ese país: "Estoy dispuesta a darle a las hermanas bajo una condición, que usted permita que también venga un sacerdote". Luego los oficiales de Yemen consultaron unos con otros y decidieron permitir que las hermanas tuvieran sacerdotes. A continuación agregaron: "No usen la cruz". La Madre Teresa fue directamente al gobernador y le dijo: "Lo que nosotros usamos es nuestro símbolo. Es un signo externo de nuestra dedicación. Nosotros pertenecemos a él". Ellos tampoco querían que rezaran el rosario por las calles. "Nosotros rezamos el rosario en las calles y no nos importa en qué calle estemos. Esta es nuestra fortaleza", agregó la Madre Teresa. "Rezamos". Luego el gobernador expresó: "Deben quedarse. Nosotros las hemos aceptado tal como son, no como alguien quiere que sean". Y hoy, las hermanas están con la cruz y rezando el rosario en las calles de Yemen.

> *Señor Jesucristo, por tu Santa Cruz,*
> *permanece conmigo para escudarme. Amén.*
> *Señor Jesucristo, por la memoria de tu cruz bendita,*
> *permanece en mí para fortalecerme. Amén.*
> *Señor Jesucristo, por tu Santa Cruz,*
> *permanece a mi alrededor para protegerme. Amén.*
> *Señor Jesucristo, por tu gloriosa cruz,*
> *ven delante de mí para dirigir mis pasos. Amén.*
> *Señor Jesucristo, por tu adorable cruz,*
> *ven tú detrás de mí para cuidarme. Amén.*
> *Señor Jesucristo, por tu cruz,*
> *merecedor de toda alabanza,*
> *ponme bajo tu sombra para bendecirme. Amén.*
> *Señor Jesucristo, por tu noble cruz, sé tú en mí*
> *para conducirme a tu Reino. Amén.*

23
ORACIÓN PARA VER A CRISTO EN LOS OTROS

La Madre Teresa dijo una vez que Jesús se presentaba de tantas formas, incluso bajo tantos disfraces, que no existía dificultad para amar a cada persona como persona. Esto es un eco de las palabras del sacerdote-poeta Gerard Manley Hopkins quien, en su poesía, se acercaba a alcanzar la fascinación sin límites de Cristo por aquellos que viven estrechamente ligados a él.

> *Cada cosa mortal obra una cosa y la misma:*
> *reparte esa interioridad en la morada de cada uno;*
> *lo propio —va con uno mismo; mi propia naturaleza*
>   *habla y presagia,*
> *gritando lo que hago ése soy: para eso vine.*
>
> *Digo más: el hombre justo hace justicia;*
> *mantiene la gracia: porque mantiene todos sus*
>   *pasos en gracia;*
> *actúa a los ojos de Dios lo que a los ojos de Dios él es*
> *—Cristo— ya que Cristo interviene en diez mil lugares,*
> *hermoso en cuerpo y hermoso a los ojos de los otros*
> *para el Padre a través de los rasgos de los rostros de*
> *los hombres.*
>
> Gerard Manley Hopkins

24
El Magnificat de María

En la sinagoga Moghen David de Calcuta, la Madre Teresa pronunció la alabanza de María, una doncella judía.

¡Mi alma canta la grandeza del Señor,
y mi espíritu se alegra en Dios, mi Salvador.
Porque ha mirado la pequeñez de su servidora y todas
las generaciones me llamarán bendita.
El todopoderoso ha hecho en mí grandes cosas:
¡su Nombre es santo!
De generación en generación se extiende
su misericordia
sobre aquellos que viven en su presencia.
Él ha actuado con poder y ha hecho maravillas,
dispersó a los soberbios.
Él ha derribado a los poderosos de sus tronos
y ha elevado a los humildes.
Ha colmado a los hambrientos con cosas buenas
pero ha dejado a los ricos con las manos vacías.
Extendió la mano a Israel, su siervo, porque él
recordó su misericordia,
así como lo había prometido a nuestros padres,
a Abraham y a su descendencia por siempre. Amén.

25
ORACIÓN PARA UNIR LOS TRABAJOS DE LOS MISIONEROS DE LA CARIDAD

En el Tercer Capítulo Internacional de los Colaboradores de la Madre Teresa en mayo de 1982, sesenta y cinco hombres y mujeres llegaron de treinta países de Europa, África, Australia, Norteamérica y Sudamérica para encontrarse como una familia. Como siempre, la Madre Teresa fue el corazón del encuentro. Ella propuso que los Colaboradores en cada país se llamaran "uniones". Dijo: "Me gustaría más usar unión, como una rama, una afiliación. Me gustaría que el capítulo quince de San Juan (sobre la vid y los sarmientos) se transformara en nuestras vidas". La Madre Teresa escribió estas palabras de oración:

Querido Señor,
Que nos transformemos en una verdadera
y fiel rama de la vid.
Que te aceptemos en nuestras vidas como a
ti te plazca venir:
Como la Verdad, para ser expresada.
Como la Vida, para ser vivida.
Como la Luz, para ser iluminada.
Como el Amor, para ser amado.
Como el Camino, para ser transitado.
Como la Alegría, para ser dada.
Como la Paz, para ser esparcida.

Como el Sacrificio, para ser ofrecido
en nuestras familias,
y con nuestro prójimo cercano,
como también con aquellos que están lejanos.

26
ORACIÓN DE PAZ DE ALBERT SCHWEITZER

EL Comité del Premio Nobel le otorgó el Premio de la Paz para el año 1979, el Año del Niño, a la Madre Teresa. El Presidente del Comité del Premio Nobel, el profesor John Sannes, dijo: "El Comité del Premio Nobel consideró correcta y apropiada, precisamente en este año, la elección de la Madre Teresa, para recordar al mundo las palabras pronunciadas por Fridtjof Nansen: El amor al prójimo es política realista". Y continuó "Como una descripción del trabajo de vida de la Madre Teresa podríamos elegir el slogan de otro laureado Premio Nobel de la Paz, Albert Schweitzer, quien adoptó como leit motiv de su propio trabajo la expresión Respeto a la vida". A continuación, una oración del libro de Schweitzer que lleva ese título:

Que esta oración nos reúna una vez más, así nosotros conoceremos con el otro y desde el otro la única alegría de la vida, la alegría que es el reflejo de todos los otros placeres, la única alegría capaz de iluminar la más profunda de nuestras miserias: la Paz de Dios que sobrepasa todo entendimiento, la unión de nuestros pobres deseos mortales con su deseo en acción y alegría y tristeza, y que nosotros persigamos esta paz juntos, porque así nos volveremos más ricos y más fuertes en ella, y capaces de mostrar a otros el camino.

Albert Schweitzer

27
ORACIÓN DE ACCIÓN DE GRACIAS

La medalla de oro de la paz, el diploma y su premio de más de $190,000 fueron entregados en manos de la Madre Teresa y ella fue dejada sola bajo las luces. Su discurso fue, sin lugar a dudas, la respuesta más simple al Nobel nunca dada en ese salón de la Academia. Primero guió a toda la asamblea a recitar la Oración de Paz de San Francisco de Asís; a continuación se dirigió a la audiencia, como siempre, sin notas:

Démosle todos gracias a Dios por la alegría de esparcir la paz, la alegría del amor de uno al otro y la de reconocer que los más pobres de entre los pobres son nuestros hermanos y hermanas.

Démosle gracias a Dios por la oportunidad que todos tenemos de que este regalo de paz nos recuerde que hemos sido creados para vivir esta paz, que Jesús se hizo hombre para traer esa Buena Noticia a los pobres. Él, siendo Dios, se hizo hombre en todas las cosas excepto en el pecado, y proclamó muy claramente que había venido a dar la Buena Noticia. La Noticia era la paz a los hombres de buena voluntad y esto es algo que todos queremos —la paz de corazón. Y Dios amó tanto al mundo que nos dio a su único Hijo —fue un regalo— es tanto como decir que le dolió el darlo, porque Dios amó tanto al mundo que envió a su Hijo y se lo entregó a la virgen María. ¿Y qué hizo ella con él?

Tan pronto como llegó a su vida, María se fue de prisa a dar esa Buena Noticia. Al entrar en la casa de su prima, el niño —un niño sin nacer— ese niño en el vientre de Isabel dio un vuelco de alegría: Fue ese pequeño niño, aún no nacido, el mensajero de la paz. Él reconoció al Príncipe de la paz, él reconoció que Cristo había venido a traer la Buena Noticia para ti y para mí.

28
Oración para ser iluminados

En agosto de 1961, la Madre Teresa anunció un hito para las Misioneras de la Caridad. Les dijo que el 7 de octubre de ese año tendrían las primeras elecciones para el Capítulo General. Ella sugirió una oración especial diaria para ser iluminadas.

Ven, oh bendito Espíritu de conocimiento y luz, y garantiza que yo perciba el deseo del Padre; muéstrame la insignificancia de las cosas terrenales, para que me dé cuenta de su vanidad y sólo las use para tu gloria y mi propia salvación, mirando siempre por encima de ellas hacia ti y tu eterna recompensa.

29
Oración por el vigésimo quinto aniversario de las Misioneras de la Caridad

En honor al vigésimo quinto aniversario de las Misioneras de la Caridad, se realizó una celebración en la iglesia siria de Mar Thoma, iglesia que se afirma fue fundada por el apóstol Santo Tomás en el sur de la India. Esta oración saludó a la Madre Teresa:

Oh Dios de amor y compasión, te damos gracias por todos aquellos que están comprometidos con la tarea misionera de la Iglesia. En esta hora, nosotros te damos especialmente las gracias por tu guía en la fundación de la Sociedad de las Misioneras de la Caridad. Por el crecimiento espiritual, por la fortaleza al servir, por el aumento del amor y la sabiduría, y por todas las bendiciones que las hermanas han recibido a través de su servicio a los pobres y no deseados, nosotros te damos gracias, oh Dios.

30
ORACIÓN BUDISTA POR LA LUZ

Al final del servicio por el Jubileo de Plata en el templo budista, el monje superior de la Sociedad Mahabodhi le entregó a la Madre Teresa dos velas eléctricas, una de ellas estaba ubicada con la lámpara del sagrario en la capilla del convento. A pesar de que los budistas no comparten la creencia cristiana en un Dios personal, sí comparten el compromiso de misericordia hacia sus semejantes. Un líder budista dijo que él veía a la Madre Teresa en la luz de Bodhisattva, el ser iluminado, llamado "observador de los lamentos del mundo". Ella también era comparada con Bodhisattva por su "alegre participación en los pesares de la humanidad".

Que sea una medicina para los enfermos y su médico,
  su sostén hasta que la enfermedad ya no vuelva.
Que sea un descanso que no falle para los desdichados,
  y el primero en proveerlos en sus necesidades.
Mi propio yo y mis placeres, mi rectitud pasada,
  presente y futura, puedo sacrificar sin reparo,
  para obtener el bienestar de todos los seres.
Con un apretón de manos les suplico a los iluminados
  que enciendan la lámpara de la misericordia
  para aquellos que en su ceguera caen en la tristeza.

Santideva (700 d. C.)

31
ORACIÓN POR MILAGROS

Cuando la Congregación de las Misioneras de la Caridad se formó, resultaba imperiosa la necesidad de un edificio para el establecimiento de la Casa General. Para obtenerla, la Madre Teresa le prometió a la Virgen María rezar ochenta y cinco mil oraciones. La Casa General no tardó en llegar.

Recuerda, oh clementísima Virgen María,
que nunca se conoció que alguien que pidiera tu
protección, implorara tu ayuda o buscara tu intercesión
fuera dejado sin tu auxilio.
Inspirada en esta confianza, me acerco a ti,
oh virgen de las vírgenes, mi Madre.
A ti me acerco, delante de ti me paro,
pecadora y afligida.
Oh Madre del Verbo Encarnado,
no desprecies mis peticiones, pero en tu misericordia,
escúchalas y contéstame. Amén.

32
ORACIÓN A NUESTRA BENDITA VIRGEN

La Madre Teresa recomienda rezar esta plegaria a la Virgen María:

María, Madre de Jesús y de aquellos que participan en su ministerio sacerdotal, nos acercamos a ti con la misma actitud del niño que se acerca a su madre.

Ya no somos niños, sino adultos que deseamos con todo nuestro corazón ser los niños de Dios.

Nuestra condición humana es débil, es por eso que venimos por tu maternal ayuda y así podremos sobrellevar nuestras debilidades.

Ora por nosotros para que podamos, en su momento, ser personas de oración.

Invocamos tu protección para que nos mantengamos libres de todo pecado.

Invocamos tu amor para que reine y nosotros podamos ser compasivos y perdonemos.

Te pedimos tu bendición para que podamos ser como la imagen de tu Hijo bien amado, Nuestro Señor y Salvador, Jesucristo. Amén.

33
ORACIÓN A SAN VICENTE DE PAUL

La Madre Teresa una vez dijo: "Creo que era San Vicente de Paul quien solía decir a aquellos que deseaban unirse a su congregación: Nunca olviden, mis niños, que los pobres son nuestros señores. Es por eso que debemos amarlos y servirlos con gran respeto y hacer lo que ellos nos pidan".

Oh glorioso San Vicente, patrón de todas las asociaciones de caridad y padre de todos los que están en la miseria, mientras tú estuviste en el mundo nunca relegaste a nadie que se acercara a ti, ¡ven ahora en nuestra ayuda! Recibe de nuestro Señor ayuda para los pobres, alivio para los débiles, consuelo para los afligidos, protección para los abandonados, espíritu de generosidad para los ricos, la gracia de la conversión para los pecadores, fervor para los sacerdotes, paz para la Iglesia, tranquilidad y orden para todas las naciones.

Que toda la gente se beneficie de los efectos de tu misericordiosa intercesión, para que, siendo ayudados por ti en las miserias de esta vida, podamos estar unidos a ti en la vida por venir, donde no habrá más aflicción, ni sollozos, ni pesar, sino sólo gozo y felicidad y eterna alegría. Amén.

34
ORACIÓN POR LA FIDELIDAD

Fue un difícil comienzo para la Madre Teresa, una vez dejadas las Hermanas de Loreto en Calcuta. Sus primeros cinco niños sin hogar se transformaron en veinticinco exactamente al día siguiente. Ella experimentó momentos de terrible angustia y soledad. Recordando esos días la Madre Teresa dijo: "Tuve la sensación de cuán inconsolable debe ser su pobreza. Mientras buscaba una casa o un abrigo, iba buscando sin un destino, y mis brazos y piernas estaban exhaustos. Pensé en cuánto les debe doler el corazón y el cuerpo a todos aquellos que buscan una casa, comida o salud. La memoria del Convento de Loreto se transformó en una tentación para mi espíritu. Me libré de esa angustia a través de una sentida oración desde el corazón".

Mi Dios, yo elijo libremente
  y porque te amo,
elijo permanecer fiel a mi decisión
  y hacer tu voluntad.

35
El Padre Nuestro de San Francisco de Asís

Los apóstoles no sabían cómo rezar y le pidieron a Jesús que les enseñara. Entonces, él les enseñó el Padre Nuestro. La Madre Teresa dijo: "Creo que cada vez que rezamos el Padre Nuestro, Dios se mira las manos donde fuimos forjados. Ven, Yo los he inscrito en las palmas de mis manos... (Isaías 49,16). Qué hermosa descripción y también qué expresiva del amor personal que él siente por cada uno de nosotros". Aquí, la versión del Padre Nuestro de San Francisco de Asís.

Oh Santísimo Padre Nuestro: nuestro creador, redentor, consuelo y salvador.

Que estás en los cielos: en los ángeles y los santos, iluminándolos para que te conozcan, pues tú, oh Dios, eres la luz; encandilándolos de amor, pues tú, oh Dios, eres el amor que reside en ellos y los colma de felicidad; porque tú, Señor, eres la más elevada bondad, la eterna bondad de quien proviene todo lo bueno, sin quien la bondad no es posible.

Santificado sea tu nombre: que nuestro conocimiento de ti aumente siempre en claridad, que conozcamos cuál es la grandeza de tus regalos, la extensión de tus promesas, la altura de tu majestad y la profundidad de tus juicios.

Venga a nosotros tu reino: que puedas reinar en nosotros a través de tu gracia y nos permitas alcanzar tu reino donde hay una clara visión de ti, perfecto amor a ti, bendita unión contigo y eterno gozo de ti.

Hágase tu voluntad así en la tierra como en el cielo: que te amemos con todo nuestro corazón hasta el fin pensando siempre en ti; deseándote siempre con toda nuestra alma, con toda nuestra mente, dirigiendo todas nuestras intenciones hacia ti, buscando tu honor en todas las cosas; y utilizando con toda nuestra fuerza los poderes y sentidos de nuestro cuerpo y alma sólo en el servicio de tu amor; y que amemos a nuestro prójimo como a nosotros mismos, extrayendo lo mejor de nuestras fuerzas para su amor; regocijándonos en el bien ajeno así como en el propio y brindándoles compasión en sus problemas sin ofender a nadie.

Danos hoy nuestro pan de cada día: tu bien amado Hijo, nuestro Señor Jesucristo, que tengamos en mente, comprendamos y honremos el amor que él nos tuvo, y todo lo que él nos enseñó, hizo y sufrió por nosotros.

Perdona nuestras ofensas: desde tu infinita misericordia, a través del poder de la pasión de tu Hijo bien amado, y a través de los méritos de la bendita Virgen y de todos tus elegidos.

Como perdonamos a aquellos que nos ofenden: y aquello que nosotros no terminemos de perdonar, hazlo tú, oh Señor, haznos perdonar totalmente; que nosotros verdaderamente amemos a nuestros enemigos por tu amor y devotamente intercedamos por ellos ante ti, sin devolver a nadie maldad por maldad; pero que en ti nos esforcemos en ayudar a todos.

No nos dejes caer en la tentación: oculta o evidente, repentina o persistente.

Líbranos del mal: pasado, presente y por venir. Amén.

36
Oración del papa Pablo VI

La piedra fundamental de la asociación de Colaboradores de las Misioneras de la Caridad de la Madre Teresa era la oración. Se les pedía rezar, diariamente, en unidad con las hermanas una oración que pedía la gracia de merecer servir a los pobres, considerados como los "embajadores de Dios". Aquí una oración compuesta por Pablo VI:

> *Haznos merecedores, Señor,*
> *de servir a nuestro prójimo*
> *a través del mundo*
> *que vive y muere en pobreza y de hambre.*
> *Dales a través de nuestras manos,*
> *hoy su pan de cada día;*
> *y por nuestro amor comprensivo,*
> *dales paz y alegría. Amén.*

37
ORACIÓN PARA EL POBRE

En su viaje a Francia en 1976, la Madre Teresa se detuvo en la villa Burgunda de Taizé. Allí fue recibida por el prior del Centro Ecuménico, el hermano Roger Schutz. El hermano Roger, un protestante, había recibido la bendición del Papa Juan XXIII para conducir un programa con miras a una reconciliación de todos los cristianos. Antes de partir de Taizé, la Madre Teresa se unió al hermano Roger para componer una plegaria.

Oh Dios,
Padre de cada ser humano.
Tú pides a cada uno de nosotros que llevemos amor
a los lugares donde la Iglesia está debilitada,
reconciliación a los lugares donde los hombres
están divididos.
Padre contra hijo,
madre contra hija,
marido contra esposa,
el creyente contra aquellos que encuentran
imposible creer,
el cristiano contra su no querido hermano cristiano.
Abre el camino para nosotros,
para que el herido cuerpo de Jesucristo, tu Iglesia,
se transforme en el fermento de Comunión
por los pobres del mundo
y toda la familia humana. Amén.

38
ORACIÓN POR LA ALEGRÍA

Una de las características especiales de las Misioneras de la caridad es su alegría y júbilo. Parte de las constituciones de la orden está dedicada a este punto.

Querido Dios,
Que la alegría, que es fruto del Espíritu Santo
y una marca característica del Reino de Dios,
descienda sobre nosotros en este día.
Ya que en Belén el ángel dijo "Alégrense",
y Cristo compartió su alegría con sus apóstoles diciendo
"Que mi alegría esté con ustedes";
ya que la palabra alegría era clave para los
primeros cristianos,
y San Pablo a menudo repite
"Alégrense en el Señor siempre";
ya que durante el bautismo el sacerdote le dice
al nuevo bautizado
"Que sirvas a la Iglesia alegremente".
Que la alegría expresada en la Eucaristía nos rodee
y se extienda a todos aquellos a quienes servimos en tu
amor. Amén.

39
ORACIÓN DE SAN IGNACIO DE LOYOLA

Siguiendo una costumbre hindú, las Hermanas Misioneras de la Caridad guardaban sus sandalias a la entrada de la capilla y allí caminaban descalzas para su oración y meditación de media hora. Después de la meditación, las hermanas recitaban de su libro de oraciones una plegaria de riguroso y total abandono al Señor de San Ignacio de Loyola, fundador de la Compañía de Jesús.

> *Toma, oh Dios, y recibe toda nuestra libertad,*
> *nuestra memoria,*
> *nuestro entendimiento y toda nuestra voluntad,*
> *cualquier cosa que tengamos y poseamos.*
> *Tú nos has dado todo esto; a ti, oh Señor,*
> *te lo devolvemos;*
> *todo es tuyo,*
> *dispón de ello de cualquier modo de acuerdo*
> *con tu voluntad. Danos tu amor y tu gracia,*
> *ya que esto es suficiente para nosotras. Amén.*

40
LETANÍAS DE LORETO

Muchas oraciones ayudaban a formar los días de las Misioneras de la Caridad. Regularmente recitaban letanías tradicionales de la Iglesia. Una especial era la letanía de María, la Madre de Jesús.

Bajo tu amparo, oh santa Madre de Dios,
no nos niegues nuestras peticiones;
pero aléjanos de todos los peligros,
oh siempre gloriosa y bendita Virgen.

Señor, ten piedad de nosotros.
Cristo, ten piedad de nosotros.
Señor, ten piedad de nosotros.
Cristo, escúchanos.
Cristo, con clemencia escúchanos.
Dios, Padre de los cielos, ten piedad de nosotros.
Dios Hijo, Redentor del mundo,
    ten piedad de nosotros.
Dios Espíritu Santo, ten piedad de nosotros.
Sagrada Trinidad, un Dios, ten piedad de nosotros.

Santa María, ruega por nosotros.
Santa Madre de Dios, ruega por nosotros.
Santa Virgen de las vírgenes, ruega por nosotros.
Madre de Cristo, ruega por nosotros.
Madre de la Divina Gracia, ruega por nosotros.
Madre purísima, ruega por nosotros.

Madre castísima, ruega por nosotros.
Madre sin mancha, ruega por nosotros.
Madre inmaculada, ruega por nosotros.
Madre amable, ruega por nosotros.
Madre admirable, ruega por nosotros.
Madre del Creador, ruega por nosotros.
Madre del Salvador, ruega por nosotros.
Virgen prudentísima, ruega por nosotros.
Virgen venerada, ruega por nosotros.
Virgen laudable, ruega por nosotros.
Virgen poderosa, ruega por nosotros.
Virgen clementísima, ruega por nosotros.
Virgen fiel, ruega por nosotros.
Espejo de justicia, ruega por nosotros.
Trono de sabiduría, ruega por nosotros.
Causa de nuestra alegría, ruega por nosotros.
Vaso espiritual, ruega por nosotros.
Vaso honorable, ruega por nosotros.
Vaso singular de devoción, ruega por nosotros.
Rosa Mística, ruega por nosotros.
Torre de David, ruega por nosotros.
Torre de marfil, ruega por nosotros.
Casa de oro, ruega por nosotros.
Arca de la Alianza, ruega por nosotros.
Puerta del Cielo, ruega por nosotros.
Estrella de la mañana, ruega por nosotros.
Salud de los enfermos, ruega por nosotros.
Refugio de los pecadores, ruega por nosotros.

Consuelo de los afligidos, ruega por nosotros.
Auxilio de los cristianos, ruega por nosotros.
Reina de los Angeles, ruega por nosotros.
Reina de los Patriarcas, ruega por nosotros.
Reina de los Profetas, ruega por nosotros.
Reina de los Apóstoles, ruega por nosotros.
Reina de los Mártires, ruega por nosotros.
Reina de los Confesores, ruega por nosotros.
Reina de las Vírgenes, ruega por nosotros.
Reina de todos los Santos, ruega por nosotros.
Reina concebida sin pecado original,
   ruega por nosotros.
Reina del Santísimo Rosario, ruega por nosotros.

Cordero de Dios que quitas el pecado del mundo,
   perdónanos, Señor.
Cordero de Dios que quitas el pecado del mundo,
   escúchanos, Señor.
Cordero de Dios que quitas el pecado del mundo,
   ten piedad de nosotros.

Ruega por nosotros, oh santa Madre de Dios,
para que seamos dignos de las promesas de Cristo.

Oremos. Derrama, oh Señor, tu gracia en nuestros corazones. Que así como hemos conocido la encarnación de Cristo, tu Hijo, por el mensaje de un ángel, de igual modo por su pasión y crucifixión, podamos alcanzar la gloria de su resurrección; por Cristo, nuestro Señor. Amén.

41
ORACIÓN POR LAS VOCACIONES

Desde la fundación de la Sociedad en 1950, las hermanas alrededor de la Madre Teresa iban aumentando en número de año en año. Ellas han sido conocidas con las "hermanas corriendo", ya que se movían rápidamente para encontrar y servir a los pobres, los excluidos, los enfermos y los moribundos. En contraste con esta realidad, la disminución de vocaciones en otras muchas congregaciones femeninas se precipitó después del Concilio Vaticano II que finalizara en diciembre de 1965. A continuación, una oración por las vocaciones:

Dios, te damos gracias por las bendiciones que nos has otorgado a través de Cristo, nuestro Redentor. Que tu Espíritu sobrevuele a tu gente, haciendo que tu gentil invitación sea escuchada por muchos corazones.

Señor de la cosecha, bendice a tu familia en todo el mundo con muchas vocaciones, para que aquellos que se encuentran en la mayor de las necesidades experimenten la Buena Noticia de la redención.

Que tu amor crezca entre nosotros y se esparza por toda la creación, por Cristo nuestro Señor, Amén.

42
ORACIÓN DE RABINDRANATH TAGORE

Indira Gandhi, Primera Ministra de la India, remarcó la identificación de la Madre Teresa con la cultura de ese país, cuando le otorgó un doctorado honorífico de una universidad perteneciente a un colegio fundado por Rabindranath Tagore, el laureado poeta hindú.

A continuación un poema-oración de su autoría:

Esta es mi oración a ti, oh Señor,
  golpea la raíz de penuria en mi corazón.
Concédeme la fortaleza de tolerar con ligereza
  mis alegrías y mis pesares.
Concédeme la fortaleza de hacer mi amor fructífero
  en el servicio.
Concédeme la fortaleza de no negar nunca
  a los pobres o doblar mis rodillas
  ante el orgullo insolente.
Concédeme la fortaleza de elevar mi mente
  en alto y por encima de las diarias pequeñeces.
Y concédeme la fortaleza de rendir mi fortaleza frente
  a tu voluntad con amor. Amén.

Rabindranath Tagore

43
ORACIÓN PARA PERMANECER "EXACTAMENTE SOBRE EL SUELO"

La humildad y la solidez de la Constitución de las Misioneras de la Caridad provenían, indiscutiblemente, de las manos y el corazón de una mujer que lidiaba humilde y concretamente con las heridas y agonías de la humanidad. El modelo de trabajar "exactamente sobre el suelo" se manifestó primero en la ciudad de Calcuta atormentada por toda forma de sufrimiento, toda agonía. Esta idea toma vida en la siguiente oración basada sobre las enseñanzas de Gandhi de 1927.

Señor, permítenos comenzar desde la base, permítenos penetrar en aquello que es lo mejor de la vida de los pobres y no ofrecer nada que no sea coherente con ella. Permítenos hacer nuestro trabajo más eficaz, y que lo que hagamos y ofrezcamos a esta gente sea apreciado sin sospechas ni hostilidad. Permítenos acercarnos a los pobres no como patrones sino como uno más de ellos, no a obligarlos sino a servirlos y a trabajar entre ellos. Amén.

44
ORACIÓN DE SERVICIO

La Madre Teresa dio una charla al Foro del Hábitat que se llevó a cabo en un rústico hangar, parte de una antigua barraca militar. Se colocaron bancos extra de madera sin pintar y, en los más elevados, jóvenes en jeans cantaban. En las primeras filas estaban los invitados especiales, la mayoría en silla de ruedas, algunos con cuellos metálicos ortopédicos. Sentados en los bancos, un grupo de sordomudos. La Madre Teresa comenzó una oración mientras una joven traducía sus palabras en lenguaje de señas.

Señor, haznos merecedores de servir a los pobres del mundo que viven y mueren en la pobreza y de hambre. Que sirvamos a los discapacitados, ya que todos lo somos de una u otra manera. A veces se puede ver en el exterior, otras veces en el interior. Unámonos no para planificar cosas grandes sino para dar a los otros hasta que duela, ya que los pobres y necesitados nos enriquecen y nos muestran a Jesús. Amén.

45
UNA ORACIÓN POR LA FAMILIA

La forma de vida de la Madre Teresa es la dedicación. Y ésta es una vida que todos pueden vivir. Hablando a las familias, la Madre Teresa enfatiza que el amor comienza en el hogar. Aquí están sus palabras en honor a las familias revestidas por la oración:

Querido Dios de la alegría:

Concédeme la gracia de hacer de mi hogar otro Nazaret donde reinen la paz, el amor y la felicidad. Que pueda amarte a través del amor que es recibido por mi familia.

Que mi misión de amor se inicie en mi propio hogar, y luego se derrame hacia todos los que necesitan de tu amor y de tu gracia. Que tu amor eche raíces primero en mi corazón y luego en los corazones de todos aquellos con quienes me relacione.

Que mi hogar sea un lugar de amabilidad, compasión y misericordia. Concédeme la gracia de lograr que cada persona que se me acerque se vuelva mejor y más feliz.

Que el amor que haya brindado a los otros, incluso en pequeñas actitudes, vuelva a mí en tu gracia. Haz que siempre perdone, y concédeme recibir a cambio el perdón.

Que comience por el lugar en donde estoy, por la gente que conozco, y concédeme que la luz de tu amor brille siempre en las ventanas de mi corazón y mi hogar. Amén.

46
ORACIÓN DE CONSAGRACIÓN

En la ceremonia de profesión, cada postulante viene hacia el altar a presentarse a la Madre Teresa, y reza solemnemente:

Para honor y gloria de Dios y movida por un deseo abrasador de apagar la infinita sed de Jesús en la cruz por amor a todas las almas, por la consagración de mi persona toda a Dios en total entrega, amorosa confianza y alegría, aquí y ahora, yo hago votos de castidad, pobreza, obediencia y me entrego con todo mi corazón al servicio de los más pobres entre los pobres.

Me entrego con todo mi corazón a esta familia religiosa, para que por la gracia del Espíritu Santo y del Inmaculado Corazón de María, causa de nuestra alegría y Reina del mundo, sea guiada hacia el amor perfecto a Dios y a mi prójimo, y haga totalmente presente a la Iglesia en el mundo de hoy.

47
Oración de conformidad con Cristo

La Madre Teresa se detuvo en el aeropuerto para leer y meditar Instrumento de tu paz de Alan Paton. Este libro de meditaciones inspirado en la oración por la paz de San Francisco de Asís era uno de sus favoritos y uno de los que recomendaba a sus colaboradores alrededor del mundo.

Oh Señor, concédenos que no nos conformemos con el mundo, sino que lo amemos y lo sirvamos.

Concédenos que nunca nos acobardemos por ser instrumentos de tu paz a causa del enjuiciamiento del mundo.

Concédenos amarte a pesar del miedo al mundo, y recuérdanos no creer nunca que tu inexpresable majestad pueda ser encontrada en los poderes de esta tierra.

Que te amemos por sobre todas las cosas a ti y a nuestro prójimo como a nosotros mismos.

Que nos acordemos del pobre y del prisionero, del enfermo y del que está solo, del joven que busca y de los abandonados y vagabundos, de los perdidos y los solitarios como recordamos a Cristo que está en todos ellos. Y que en este día que se inicia seamos capaces de hacer alguna obra de paz por ti. Amén.

Alan Paton

48
ORACIÓN A SAN DEMETRIO

Las huellas de cinco siglos de dominación turca y de presencia islámica eran fuertes en Spokje, la ciudad en donde la Madre Teresa había pasado su niñez. La fortaleza de identidad del cristianismo albanés podía ser todavía percibida y seguía viviendo en los enclaves de albaneses que habían huido antes de la ocupación turca. Uno de esos enclaves ocupa Piana degli Albanesi, cerca de Palermo en Sicilia. Allí los sacerdotes usan tocas con velos ondeantes similares a los usados por los patriarcas ortodoxos; sin embargo estos albaneses permanecen en unión con Roma, y sus iglesias están engalanadas con iconos conmemorativos de santos de su propia historia, incluyendo a San Demetrio, el gran mártir.

> *Oh Cristo nuestro Dios, tú que diste al mundo a Demetrio como poderoso protector contra los peligros y como invencible soldado de Cristo, ármanos con su fuerza y haz de nosotros perfectos soldados de Cristo. Por tanto, oh gran mártir Demetrio, mediante tus plegarias intercede ante Cristo nuestro Dios para que él nos conceda su gran misericordia y salve nuestras almas. Amén.*
>
> *Adoración bizantina diaria*

49
Oración de Santa Teresa de Lisieux

En muchas ocasiones le fue preguntado a la Madre Teresa si su santa patrona era Santa Teresa de Ávila, la religiosa carmelita española del siglo XVI, llamada frecuentemente la "gran" Santa Teresa. "No la gran Santa Teresa de Ávila", siempre aclaraba la Madre Teresa, "sino la pequeña". Muchos ecos de Santa Teresa pueden ser encontrados en la especial vocación de amor de la Madre Teresa. El nombre religioso completo de Santa Teresa era Teresa del Niño Jesús y de la Santa Faz de Cristo. He aquí, una de sus plegarias:

Oh Jesús, quien en tu cruel pasión te convertiste en el hombre de los dolores, yo adoro tu Divina Faz. Una vez brilló por la belleza y dulzura de la divinidad; ahora por mi culpa se ha convertido en el rostro de un leproso.

Incluso en ese semblante desfigurado, reconozco tu infinito amor, y soy consumida por el deseo de amarte y de que seas amado por todo el género humano.

Las abundantes lágrimas que derraman tus ojos son para mí como perlas, que me deleito en atesorar ya que, con su infinito mérito, serán redentoras de las almas de los pobres pecadores.

Oh Jesús, tu rostro es la única belleza que atrapa mi corazón. No puedo contemplar la dulzura de tu mirada aquí en la tierra, pero rezo para que imprimas en mí tu

Divino Retrato. Te pido también que tu amor me inflame y me consuma, así pronto podré alcanzar en el cielo la visión de tu gloriosa Faz. Amén.

50
ORACIÓN AL INMACULADO CORAZÓN DE MARÍA

La Madre Teresa llamó al albergue de los peregrinos Nirmal Hriday, Bengali para el Puro e Inmaculado Corazón. Fue denominado así en honor de la Virgen María desde su inauguración en la fiesta del Corazón de María en 1952.

Oh pura e inmaculada bendita Virgen, madre sin pecado de nuestro Señor, tú que eres la esperanza de los desesperanzados, te cantamos tus alabanzas. Te bendecimos llena de gracia, tú que diste a luz al Dios Hombre; te invocamos e imploramos tu ayuda. Rescátanos, bendita e inmaculada Virgen, de las necesidades que nos presionan y de todas las tentaciones. Sé nuestra intercesora y abogada en la hora de la muerte; líbranos de las tinieblas; haznos merecedores de la gloria de tu Hijo, oh queridísima y clementísima Virgen Madre. Tú eres verdaderamente nuestra única esperanza, la más segura a la vista de Dios, a quien sea el honor y la gloria por siempre jamás.

San Efrén, el sirio

51
ORACIÓN DEL ROSARIO

La fecha de la aceptación de las Misioneras de la Caridad como una nueva congregación limitada a la diócesis de Calcuta fue el 7 de octubre de 1950, día de la fiesta de Nuestra Señora del Rosario. Hacia 1958, las Misioneras de la Caridad, aunque todavía eran pocas, ya se habían convertido en una característica de las calles de Calcuta, rezando el rosario y orando en su camino, incluso en los tranvías. "Ahora ellas me dicen", contaba la Madre Teresa, "el tiempo que toma llegar a diferentes lugares por el número de rosarios que pueden rezar. Cuando ellas rezan mientras caminan, la gente lo ve y las respeta. En la India existe un gran respeto por la santidad, incluso entre los pícaros".

Reina del Santísimo Rosario, en estos tiempos secularizados de indiferencia, muestra tu poder con los signos de tus antiguas victorias, y desde tu trono, desde el cual dispensas perdón y gracias, mira misericordiosa la Iglesia de tu Hijo. Apresura la hora de misericordia, y por mí, que soy la más pequeña entre los humanos, de rodillas ante ti en oración, concédeme la gracia que necesito para vivir rectamente sobre la tierra. En unión con los fieles cristianos de todo el mundo, yo te saludo y aclamo como Reina del Santísimo Rosario. Amén.

52
LETANÍA DE LA HUMILDAD

Las Hermanas Misioneras de la Caridad rezaban una letanía especial cada día de la semana. La letanía de los lunes era sobre el Espíritu Santo. La de los martes tenía un interés particular puesto que era la Letanía de la humildad atribuida al cardenal español Merry de Val.

¡Cambia mi corazón, oh Señor,
Tú que te has anonadado por amor a mí!
Revélame el espíritu de perfección de tus santas
  humillaciones.
¡Iluminado con tu luz, que pueda comenzar
  hoy mismo a destruir
  todo orgullo que vive en mí!
  ¡Esa es la fuente de mis miserias,
  el permanente obstáculo que yo mismo
  opongo a tu amor!
  Soy mi propio enemigo cuando busco paz
  en mí mismo
  y fuera de ti.
Oh Jesús, manso y humilde de corazón, óyeme.
Del deseo de ser estimado, líbrame Jesús.
Del deseo de ser amado, líbrame Jesús.
Del deseo de ser solicitado, líbrame Jesús.
Del deseo de ser honrado, líbrame Jesús.
Del deseo de ser alabado, líbrame Jesús.
Del deseo de ser preferido por los otros, líbrame Jesús.

Del deseo de ser consultado, líbrame Jesús.
Del deseo de ser aprobado, líbrame Jesús.
Del miedo a ser humilde, líbrame Jesús.
Del miedo a ser despreciado, líbrame Jesús.
Del miedo a ser rechazado, líbrame Jesús.
Del miedo a ser calumniado, líbrame Jesús.
Del miedo a ser olvidado, líbrame Jesús.
Del miedo a ser ridiculizado, líbrame Jesús.
Del miedo a ser lastimado, líbrame Jesús.
Del miedo a ser sospechado, líbrame Jesús.
Jesús, concédeme la gracia de desear:
Que los demás puedan ser amados más que yo.
Que los demás puedan crecer en el reconocimiento del mundo y el mío disminuya.
Que los demás puedan tener trabajo y yo sea el desocupado.
Que los demás puedan ser elogiados y yo pasado por alto.
Que los demás puedan ser preferidos antes que yo en todo.
Que los demás puedan ser más santos que yo y yo tan santo como pueda.

Cardinal Merry del Val

53
LA ORACIÓN DE LA RECONCILIACIÓN

En uno de los primeros convoyes, que entraron en Blangladesh al finalizar la guerra de dos semanas en Pakistán, estaba la Madre Teresa. "Nosotros vimos los más terribles sufrimientos en Bangladesh. Nuestras hermanas comenzaron a ayudar pero la necesidad más imperiosa en Bangladesh" —dijo ella lentamente— "es el perdón. Ustedes no tienen idea de cómo ha sufrido esa gente. Ha quedado tanta amargura y disgusto; quizás si ellos creyeran que hay personas a las que les importan, podrían encontrar en sus corazones la manera de perdonar lo que les han hecho. Creo que es lo único que puede traer la paz".

A ti, creador de la naturaleza y de la humanidad, yo oro:
Escucha mi voz, que es la voz de las víctimas de todas las guerras y violencia entre los hombres y las naciones.

Escucha mi voz, que es la voz de todos los niños que sufren y sufrirán cuando la gente pone su fe en las armas y en la guerra.

Escucha mi voz porque hablo por las multitudes de todos los países y de todo período de la historia que no quieren la guerra y están listos para recorrer el camino de la paz.

Escucha mi voz y concede el entendimiento y la fuerza para que siempre podamos responder al odio con amor, a la injusticia con total dedicación a la justicia, a la necesidad con el compartir nuestra propia persona, a la guerra con la paz.

Oh Dios, escucha mi voz y concede al mundo tu paz para siempre. Amén.

Papa Juan Pablo II

54
ORACIÓN PARA ENTENDER LA SANTA EUCARISTÍA

Como la Madre Teresa gustaba repetir, la vida de las hermanas "está entretejida sobre la Eucaristía", la conmemoración de la Última Cena, cuando Jesús se ofreció como víctima del pecado del mundo. El acto central de la liturgia de la Iglesia Católica, al que tantas veces se asiste desganadamente, sólo como un deber dominical, es en la Casa General en Lower Circular Road el eje alrededor del cual gira toda la jornada.

¿Qué bendición o qué alabanza o qué acción de gracias podremos ofrecerte, oh Dios, que amas a todas las personas, porque cuando estábamos apartados por el juicio de la muerte y ahogados en la profundidad del pecado, tú nos diste la libertad, nos otorgaste el inmortal alimento celestial y nos manifestaste este misterio oculto en

el tiempo y por generaciones? Concédenos comprender esta Eucaristía, tu supremo acto de misericordia y la grandeza de tu generosidad y cuidado paternal.

San Cirilo de Alejandría

55
ORACIÓN POR EL MARTIRIO

Durante una escala en Munich, la Madre Teresa aceptó la sugerencia de tomarse unas horas y visitar la cercana Dachau, el paradigma de todos los campos de concentración que salpicaron la Europa ocupada. Pronto la Madre Teresa estaba parada frente a una cámara de gas que simulaba ser un cuarto de duchas. Cuando ella caminaba entre las barracas mantenidas como recuerdo de lo que había ocurrido en cientos de campos de concentración bañados en sangre, le dijeron que por lo menos 2,579 religiosos habían muerto allí, en Dachau, solamente. Entre los sacerdotes que murieron en los campos de concentración estaba el carmelita, padre Jacques Bunol, quien rezaba la siguiente oración de Santa Teresa de Lisieux cada mañana, mientras estaba arrestado en Mauthausen.

¡Oh mi Dios! ¡Oh Santísima Trinidad! Yo deseo amarte y hacer que te amen. Deseo cumplir tu voluntad. En una palabra deseo ser una santa pero siento mi debilidad y te pido que tú mismo seas mi santidad.

En mi corazón albergo inmensos deseos y con confianza te pido que vengas a mí y tomes posesión de mi alma. Habita en mí, como en el tabernáculo; nunca me abandones.

Te consuelo por la ingratitud de los malvados. Te ruego que alejes la libertad de disgustarte.

Te agradezco, oh mi Dios, todas las gracias que me has concedido, especialmente por haberme probado en el crisol del sufrimiento. No deseo acumular méritos para el cielo, deseo sólo trabajar por tu amor, con la única meta de agradarte, brindando consuelo a tu Sagrado Corazón y salvando almas a quienes tú amarás eternamente.

En el crepúsculo de esta vida, me presentaré delante de ti con las manos vacías, y no te pediré, Señor, que compares mis trabajos. Todas nuestras justicias están corrompidas a tus ojos. Desde ahora deseo vestir la capa de tu justicia, y recibir de tu amor eterna posesión de ti. No deseo otra corona o trono sino a ti, mi amadísimo.

De esta manera mi vida podrá ser un acto de amor perfecto; ofrezco mi vida como víctima de holocausto a tu amor misericordioso rogándote que me consumas, permitiendo que los torrentes de infinita ternura que obtengo en ti desborden mi alma para convertirme en una mártir para tu amor.

Que este martirio, después de haberme preparado para presentarme ante ti, me permita al fin morir y a mi alma, sin dilación, elevarse hacia el abrazo eterno de tu amor misericordioso.

Deseo, oh mi amadísimo, renovar este ofrecimiento con cada latido de mi corazón e infinitas veces hasta que las sombras se hayan desvanecido.

Santa Teresa de Lisieux

56
ORACIÓN DE AMOR

Los seres humanos querían saber si tenían sentido en el esquema del universo. Aparentemente querían escucharlo de alguien que no necesitara nada de ellos, absolutamente nada. Oyeron esto de una pobre y débil mujer que había sondeado las profundidades de la agonía humana y que había viajado alrededor del mundo con un pequeño bolso de tela que contenía sus dos saris, escribiendo cartas en un cuaderno como el del más pobre escolar. Ellos escucharon que, a pesar de la evidencia de la crueldad humana, había una fuerza de amor que era más fuerte y que podían ser parte de ella. La presencia de la Madre Teresa les hizo advertir la fuerza del amor que el Creador derramó sobre toda la creación y su lugar en ella.

Thomas Merton, el monje, dijo en pocas palabras: "Decir que estoy hecho a imagen de Dios es decir que el amor es la razón de mi existencia, porque Dios es amor".

Nos has enseñado que si estamos abiertos al otro,
  tú habitas en nosotros.
Ayúdanos a conservar esta apertura.
Ayúdanos a darnos cuenta de que no puede
  haber entendimiento donde hay rechazo mutuo.
Oh Dios, aceptando al otro de corazón,
  enteramente, completamente,
  nosotros te aceptamos y agradecemos,
  y te amamos con todo nuestro ser,
  porque nuestro ser es tu ser,
  nuestro espíritu está enraizado en tu Espíritu.
Cólmanos entonces de amor y permítenos permanecer
  unidos en el amor mientras recorremos diversos
  caminos, unidos en este único Espíritu mediante el
  cual te haces presente en el mundo.

Thomas Merton

57
Oración de la buena intención

Una mujer fue llevada en silla de ruedas para mantener una conversación con la Madre Teresa. Sufría de parálisis cerebral y su cuerpo resultaba "inútil" en relación con los parámetros de normalidad. Ella dijo: "Nosotros nunca podemos obtener la completa felicidad en la tierra, porque la felicidad sólo se encuentra en el cielo. Y no podemos obtenerla si nos damos por vencidos en nuestra desesperación. Somos afortunados por tener una parte en la cruz de Cristo". La Madre Teresa sugirió esta plegaria:

> *Danos este día de gracia para vivir ahora como tú propones, querido Dios; para sonreír incluso cuando nuestra carga parezca pesada y nuestros corazones rotos. Que seamos caritativos y humildes en la humillación y en nuestros inconvenientes. Sobre todo, oh Señor misericordioso, que suframos sin pesar porque en tu voluntad y en nuestra aceptación de esa santa voluntad, vive nuestro eterno destino. Gracias a Dios. Amén.*

58
ORACIÓN DE LA LEGIÓN DE MARÍA

Michael Gomes, un caballeroso maestro bengalí, proveyó la primera casa para las Misioneras de la Caridad en 14 Creek Lane en Calcuta. La joven Orden fue alojada en un gran piso en la planta superior. Michael Gomes no pidió ningún dinero a la Madre Teresa. Él era un miembro devoto de la asociación llamada Legión de María, fundada en Dublín por Frank Duff. Su propósito es expresar por todos los medios posibles que el cristianismo concierne a cualquiera y se funda en un programa de oración.

A continuación, una plegaria del libro de la Legión de María:

*Otórganos, oh Señor,
a quienes servimos según el modelo de María,
a quien le fue dado conquistar el mundo,
que llenos de fe en ti y confiando en ella,*

*nos concedas una fe viva, animada por la caridad,
que nos permita cumplir todas nuestras acciones
sólo por puro amor a ti,
y a verte siempre a ti y servirte en nuestro prójimo.
Una fe firme e inconmovible como una roca,
Que nos permita descansar tranquilos y con constancia
entre las cruces, las redes y las desilusiones de la vida.
Una fe valiente que nos inspire
a emprender y sobrellevar sin vacilación
las grandes cosas de Dios por la salvación de las almas.
Una fe que nos conduzca unidos
para encender en todo lugar el fuego de tu divino amor,
para iluminar a aquellos que están en la oscuridad y
en las sombras de la muerte,
para encender a aquellos que están apagados,
para devolver la vida a aquellos que están muertos
   en el pecado;
por María, quien guiará nuestros propios pies
   en el camino hacia la paz.*

Libro de la Legión de María

59
ORACIÓN A SAN FRANCISCO JAVIER

En 1964 la Madre Teresa abrió una casa en Goa, una reliquia de la época de la colonización portuguesa, en la costa oeste de la India. Allí les fue encargado a las Misioneras de la Caridad el cuidado de la capilla de San Francisco Javier, misionero jesuita en India.

Oh gran San Francisco, bien amado y lleno de caridad, contigo adoro solemnemente a la Divina Majestad. Especialmente me regocijo en los singulares dones de gracia que te fueron concedidos durante tu vida. Agradezco a Dios y te pido, con todo el afecto de mi corazón, que por el poder de tu intercesión puedas obtener para mí la gracia de vivir una vida santa y de morir una santa muerte. Te pido, además, que obtengas para mí cualquier favor espiritual o terrenal por el cual yo rece, pero si aquello que te solicito no conduce a la gloria de Dios y al engrandecimiento de mi alma, te ruego que obtengas para mí aquello que ciertamente me conduzca a estos fines. Amén.

60
ORACIÓN DE SAN IGNACIO DE LOYOLA
Ejercicios espirituales

La parroquia del Sagrado Corazón en Skopje fue fundamental en la vida de la joven mujer que después sería conocida como la Madre Teresa. Un sacerdote jesuita iniciaba a la gente joven del Sagrado Corazón en la Cofradía de la Bendita Virgen María.

Esta organización fue fundada en 1563 entre los estudiantes en el colegio de Roma de la Compañía de Jesús (jesuitas).

Agnes Gonxha Bojaxhiu y sus amigos habían recibido las palabras de San Ignacio como un desafío: ¿Qué he hecho yo por Cristo? ¿Qué estoy haciendo por Cristo? ¿Qué haré por Cristo?

A continuación una de las oraciones de los Ejercicios espirituales de San Ignacio que es un eco de este desafío.

Aquí estoy, oh Rey y Señor de todas las cosas: yo, tan indigno, pero aún confiando en tu gracia y tu ayuda, me ofrezco todo a ti y someto todo lo que soy a tu voluntad. En presencia de tu infinita bondad, y bajo la mirada de tu gloriosa Virgen Madre y de toda la corte celestial, yo declaro que es mi intención, mi deseo y mi firme decisión: que me sea dado para tu mayor alabanza y para mi mejor obediencia a ti, seguirte lo más cerca posible e imitarte tolerando las injusticias y las adversidades con verdadera pobreza de espíritu y de cosas materiales. Amén.

61
ORACIÓN PARA LA PROPAGACIÓN DE LA FE

Estando en la ciudad de Nueva York, la Madre Teresa visitó la oficina del obispo Fulton J. Sheen, conocido nacionalmente por sus programas de televisión sobre ética en la vida cotidiana. Él encabezaba la sección norteamericana de la organización para misiones en el exterior denominada Propagación de la Fe. Hombre de una poderosa y singular presencia, convocó a todo su staff a orar junto a la mujer dedicada a los pobres de la tierra.

Padre Eterno, por tu infinita misericordia y por los infinitos méritos de tu divino Hijo Jesús, revélate y hazte amar por todas las almas, ya que es tu voluntad que todos se salven.

Envía, oh Señor, mediante los sagrados misterios de la redención, trabajadores a tu cosecha.

Palabra Eterna Encarnada, Redentor de la raza humana, convierte todas las almas a ti ya que por ellas, tú fuiste obediente hasta la muerte en cruz.

Por los méritos e intercesión de tu Santísima Madre y de todos los ángeles y santos envía, oh Señor, trabajadores a tu viña. Amén.

62
ORACIÓN DE UN CORAZÓN

En los continentes de Europa, Australia y África y en el problemático límite entre el Este y el Oeste, las Misioneras de la Caridad estaban encarnando una visión, la visión del carisma de la Madre Teresa. Estaba articulada en un simple papel mimeografiado que circulaba regularmente entre las hermanas alrededor del mundo. Era un compartir de sus experiencias entre los más pobres del mundo y se llamaba Ek Dil, una expresión que describe la unidad entre las hermanas a pesar de su distancia. Ek Dil en hindú significa "Un Corazón".

Oh amantísimo Jesús, te pedimos, por la dulzura de tu Divino Corazón, que conviertas al pecador, consueles al que sufre, ayudes al moribundo y alivies los dolores de las almas del purgatorio. Haz de nuestros corazones uno en el vínculo de la verdadera paz y amor, y concédenos una santa y apacible muerte. Amén.

63
ORACIÓN DE LAS PEQUEÑAS HERMANAS DE LOS POBRES

La Madre Teresa observó las necesidades urgentes de las instituciones que habían crecido al margen de la presencia cristiana en la India, en particular las instituciones educativas para mujeres, los hospitales y leprosarios. Laicas cristianas y hermanas formaron el corazón del cuerpo de enfermeras hindú. La Madre Teresa en persona había tomado parte en el trabajo en educación y después se había beneficiado con la hospitalidad y entrenamiento en el Hospital de la Sagrada Familia en Patna. Ella reverenciaba el trabajo de las Pequeñas Hermanas de los Pobres quienes en los comienzos le dieron refugio entre los ancianos pobres a su cuidado.

> *María, nosotros te hemos elegido como nuestra Madre. Nunca has tenido hijas tan inmerecedoras de ti como nosotras, ni otras tan débiles y endebles. Por tanto sé nuestra fuerza y apoyo. No tenemos recursos y a menudo no tenemos dinero. ¡Oh Madre compasiva! Haz que siempre podamos encontrar pan para tus amados pobres. Somos como niños indefensos expuestos a los malos del mundo. Haz que no seamos destruidas sino que podamos vivir para gloria de Dios y que podamos esparcir su Palabra conforme a su voluntad. Amén.*
>
> Jeanne Jugan, Fundadora de las
> Pequeñas Hermanitas de los Pobres

64
ORACIÓN DEL SUFRIMIENTO
POR LA CORONA DE ESPINAS

La Madre Teresa se llevó un recuerdo de Las Vegas cuando visitó esa ciudad en 1960 para hablar en una convención del Consejo Nacional de Mujeres Católicas. Para darle tiempo de meditar antes de su charla, fue conducida al desierto de Nevada. Se sentó cerca de un cactus a contemplar. Finalmente tomó unas largas espinas de cactus que podían fácilmente ceñirse en una corona de espinas. La llevó de regreso a Calcuta donde fue ubicada en la cabeza del Cristo crucificado tras el altar de la capilla del noviciado.

> *Maravillosa cosa fructífera, blanca, roja y negra es la noble corona de espinas que ciñó la cabeza de Cristo. La blanca e inmaculada carne de Cristo se opone al crimen de Adán, roja es la flor de la pasión, y negra es la muerte consecuencia de su sufrimiento.*
>
> *Oh guirnalda de espinas, confórtanos en la sangre de Cristo; cíñenos, oh cinto de espinas en un cinturón de virtud porque la astuta serpiente nos ataca sin anunciarse.*
>
> *Y entonces, oh Jesús, haz de tu corona nuestra diadema, para que podamos ser purificados de todos nuestros pecados. Amén.*
>
> Liturgia ambrosiana

65
ORACIÓN DE SOR JUANA INÉS DE LA CRUZ

En 1975, la Madre Teresa se encontraba en México como miembro de la Delegación Vaticana para la Conferencia Mundial del Año Internacional de la Mujer. La portada del programa de la conferencia era una imagen de las facciones de una religiosa del siglo XVI, Sor Juana Inés de la Cruz, una hermana del convento de San Jerónimo de la ciudad de México. Reconocida por muchos como una verdadera genia, autodidacta, estudió teología, la Biblia, historia, matemáticas y derecho. Cuando presentó su crítica al sermón de un sacerdote fue severamente reprendida por el obispo, quien afirmaba que ella debía ocuparse de "búsquedas más convenientes que aquellas de la mente". La respuesta de Sor Juana fue la defensa, en dos mil palabras, de la mujer como persona y su derecho a la educación. En obediencia al obispo, sin embargo, abandonó su biblioteca.

Murió tempranamente contagiada por la gente a la que asistía durante una plaga.

Mi Dios:

En vez de estudiar libros, permíteme en cambio estudiar
  todas las cosas que tú has creado,
  tomando por mis cartas
  y por mis libros todas las intrincadas estructuras
  del mundo.

No me dejes ver nada que no sea reflejo de ti,
  no me dejes ver nada que no te pondere,
  incluso las más diminutas y esenciales cosas.
Porque no existe criatura, incluso la más pequeña,
  en quien no se pueda reconocer el magnífico
  "Dios me creó";
    no hay nadie a quien no pueda sorprender la mente.
Déjame mirar y maravillarme con todas las cosas
que
    revelan las huellas y marcas brillantes de ti. Amén.

Adaptación de La Respuesta,
Sor Juana Inés de la Cruz

66

Oración del milagro de amor de Dios

Le fue preguntado a la Madre Teresa si ella alguna vez había visto un milagro. Ella respondió: "Hay un tipo de milagro cada día. No hay un día sin un signo del amor de Dios, como aquella vez que estábamos escasos de comida a causa de las inundaciones. Justo en ese entonces, cuando las escuelas cerraban en Calcuta, recibimos todo el pan necesario para que la gente no siguiera hambrienta. Durante dos días nuestros pobres tuvieron pan hasta quedar saciados. El gran milagro es que Dios puede actuar desde la nada, desde pequeñas cosas como nosotras. Él nos usa para hacer su trabajo.

Padre Nuestro, aquí estoy, tu hija, a tu disposición.
Utilízame para continuar amando al mundo,
dándome a Jesús y a través de mí
a los demás y al mundo.
Oremos por aquellos a quienes Jesús ama
  a través de nosotras
con el amor con que el Padre lo ama. Amén.

67
ORACIÓN DEL PADRE MIGUEL PRO, SJ, EN HONOR A LA FIESTA DE CRISTO REY

En México, la Madre Teresa visitó el cementerio donde está enterrado el mártir Miguel Pro. Para la Madre Teresa era una oportunidad de arrodillarse y rezar en silencio por el sacerdote jesuita ejecutado durante las persecuciones anticatólicas ocurridas en ese país.

Regresa al Santuario, oh Señor,
al vacío Tabernáculo que te aguarda.
¡Oye, oh buen Jesús, el llanto
de las almas que te aman durante su calvario!
Atiende el llanto de las almas crucificadas
en sus cruces de pena y dolor.
¿Pues qué mayor aflicción podrá sobrevenir
  en nuestro camino
  que la ausencia de tu divina presencia?

Dulce Salvador, ¿por qué te has marchado?
Desde las profundidades de nuestra pena y desolación
te llamamos a ti, oh Señor, ¿no nos escucharás?
Oh Dios, tú perdonas a aquellos que confiesan sus faltas
y humildemente te aclaman Rey.

Quienes te han herido con sus pecados,
ahora vuelven a ti arrepentidos, Señor.
Míralos, humildemente imploran tu perdón.
¡Por las lágrimas de aquellos que padecen por ti,
Dulce Salvador, regresa a tu Santuario!

68
ORACIÓN DE LOS JAINISTAS

Octubre de 1975 marcó el vigésimo quinto aniversario de las Hermanas de la Caridad. Para celebrar, cada uno de los principales grupos religiosos de Calcuta realizó su propio oficio conmemorativo. Los jainistas llevaron la enseñanza de la no agresión a su expresión más extrema, aplicando la no-violencia al insecto, al pájaro, al hombre y a la bestia. Para ellos la liberación del ciclo de la reencarnación proviene del ascetismo y del respeto por todos los seres vivientes. En el templo de los jainistas, la congregación recitó una plegaria de uno de los fundadores del jainismo.

Que nunca cause dolor a ningún ser viviente.
Que nunca mienta,
y nunca codicie la riqueza o mujer de mi prójimo.
Que nunca beba el néctar de la satisfacción...
Que haya mutuo amor en el mundo.
Que el engaño more distante...
Que todos podamos entender las leyes
de la verdad y gozosamente
soportar el dolor y los sufrimientos.
Paz.
Shanti.
Paz.

69
ORACIÓN DEL VÍA CRUCIS

En respuesta a un llamado de último momento, se le pidió a la Madre Teresa que diera una charla a un grupo de jóvenes que llevaban un año desarrollando trabajos de misericordia con los enfermos, los necesitados y los que están solos. La Madre Teresa comenzó su charla haciendo la señal de la cruz y pronunciando las siguientes palabras: "Jesús dijo a la gente de su tiempo: El que quiera ser mi discípulo que tome su cruz y me siga". Ella continuó hablando de la Pasión de Cristo y de las estaciones de la cruz por las que Jesús pasó camino a la Crucifixión.

Jesús vive hoy su pasión en el que sufre, en el hambriento, en el discapacitado, en el niño que come un trozo de pan migaja tras migaja porque, cuando ese trozo de pan se acabe, no habrá más y el hambre volverá nuevamente. Esta es una estación de la cruz. Permítenos estar allí, Señor, con ese niño.

Jesús vive hoy su pasión en los millones que mueren no sólo por un trozo de pan, sino también por una pizca de amor o reconocimiento. Esta es una estación de la Cruz. Permítenos estar allí, Señor, con aquellos que mueren por falta de amor.

Jesús vive hoy su pasión en la caída de los jóvenes quienes, como Jesús, caen una y otra vez. Permítenos estar allí, Señor, como Simón de Cirene, para levantarlos y estar en esta estación de la cruz.

Jesús vive hoy su pasión en la gente sin techo de las plazas, los alcohólicos y los drogadictos. Permítenos no ser uno de aquellos que miran sin ver. En cambio, permítenos estar allí, en esa estación de la cruz.

Jesús vive su pasión cuando nuestra gente es repudiada, arrojada y atormentada con sufrimientos. Permítenos, Señor, permanecer con esta nuestra gente como María permaneció junto a ti cuando eras escarnecido, tratado como un leproso, repudiado por todos, crucificado. Danos los ojos de compasión y constancia de María que permaneció junto a Jesús incluso cuando sus seguidores lo abandonaron. Permítenos estar allí, Señor, en cada estación de la cruz.

Danos la fuerza, Señor, para iniciar paso por paso los caminos de la cruz. Satisface nuestra hambre de pan vivo por tu Santa Eucaristía. Danos fuerza para dar. Amén.

70
La oración de "Vengan y vean"

Como se explica en las constituciones de los Hermanos Misioneros de la Caridad "un período de introducción a la vida y noviciado será llamado el tiempo de vengan y vean de la misma manera en que Jesús dijo a sus primeros seguidores". Los jóvenes han sido rápidamente denominados los "vengan y vean" para distinguirlos de aquellos que ya han hecho votos perpetuos.

Oh Señor, tú que dijiste: "¿Qué están buscando?", concédeme la gracia de percibir y saber lo que debo hacer por tu amor.

Oh Señor, tú que dijiste: "Vengan y vean", vengo a ti ahora para encontrar la paz de mi verdadero hogar, concédeme la salvación entre los muros de tu amor.

Oh Señor, tú que dijiste: "Vengan a mí, yo soy la vid y ustedes los sarmientos", llego hasta ti ahora como rama fructífera del árbol de la vida.

Oh Señor, tú que dijiste: "Sígueme", vengo a ti ahora como fiel peregrino en la senda que me has marcado.

Oh Señor, tú que dijiste: "Prueben y vean", vengo a ti a apagar mi sed y a comer el alimento que da vida eterna. Amén.

71
ORACIÓN DE DOM HELDER CAMARA

La Madre Teresa fue figura de gran magnetismo en el 40vo. Congreso Eucarístico que se ocupó del hambre espiritual o física del género humano. En la sesión de apertura la Madre Teresa parecía representar a todos los hambrientos del mundo y la necesidad de compartir el pan con ellos. Sobre una mesa con hogazas redondas, ella rezó una oración, luego partió el pan y lo repartió. Entre quienes recibieron una parte estaba Dom Helder Camara, arzobispo de Olinda, Recife, Brasil. El Congreso era la primera ocasión en que aparecían juntos Dom Helder Camara y la Madre Teresa, identificados ambos como las voces de los más pobres y rechazados del mundo.

Santo aliento de Dios,
te percibo conmovedor.
Animadas por este aliento
las cosas buenas comienzan a crecer
aún en robustas y saludables tierras,
fresco aliento,
llamadas movilizadoras evocan la piedad planetaria,
ganando los corazones y las manos de los elegidos:
cada uno en el camino elegido,
cada uno con su talento especial,
toma la posición de ellos
para crear un mundo más apto para vivir,
más justo y más humano.

Dom Helder Camara

72
ORACIÓN DE COMPASIÓN

La Asociación Internacional de Colaboradores de la Madre Teresa fue constituida el 23 de marzo de 1969 en Roma. Son hombres, mujeres, jóvenes y niños de cualquier religión y denominación alrededor del mundo, "quienes buscan amar a Dios en su prójimo, a través del servicio de todo corazón por los pobres entre los pobres", y quienes "desean unirse en espíritu de oración y sacrificio con el trabajo de la Madre Teresa y de las Misioneras de la Caridad".

En el pacto no existían derechos. Los encuentros iban a

ser celebrados sin servicio de comidas así el alimento podía ser llevado a las casas de los pobres. Sólo agua podía ser servida. El compartir y rezar era lo que iba a marcar las reuniones de los colaboradores. "El compartir" se refería a las experiencias de compasión y a una profunda reflexión sobre ellas; de este modo, en palabras de la Madre Teresa, "los colaboradores pueden ser enriquecidos por el otro".

Hacia 1993 existían ramas de los colaboradores en setenta y nueve países. En ese año, la Madre Teresa escribió a los "eslabones" nacionales solicitándoles simplificar aún más sus actividades –no, a las juntas directivas; no, a las cuentas de banco; no, a los encuentros internacionales. Los enfermos y sufrientes colaboradores de todo lugar deberían soportar el trabajo uniendo su sufrimiento al trabajo de sus hermanas y a la gente que servían.

La hermana M. Nirmala escribió a los colaboradores, como ya había hecho la Madre Teresa, confirmándolos en su motivación espiritual. Ella escribió en abril de 1998, siete meses después de que la Madre Teresa "había regresado a la casa de Dios", "Queridísimos colaboradores: ustedes son una parte muy importante de nuestra familia de las Misioneras de la Caridad y reciben el mismo llamado que las Misioneras de la Caridad, los Misioneros y Sacerdotes, a ser santos, grandes santos y a ayudar a los demás, incluso a ser de esta manera por su amor y valerosa fidelidad a la voluntad de Dios en el propio camino de la vida".

Hazme, oh Señor, instrumento de tu amor, que pueda confortar a aquellos que sufren y alegrar a aquellos que son vistos como personas de poca importancia. En este país de muchas razas, hazme cortés con aquellos que son humillados y comprensivo con aquellos que están resentidos. Enséñame cómo puedo ser con el arrogante, con el cruel, porque no lo sé.

Y, para mí, hazme más alegre de lo que soy, especialmente si es necesario en atención a los demás.

Que recuerde muchas experiencias de alegría y agradecimiento, especialmente aquellas que soporté. Y haz que en este día que se inicia haga algún trabajo por tu paz.

Alan Paton

73
ORACIÓN DE OSCAR ROMERO

Una de las tareas de los Misioneros de la Caridad en El Salvador era visitar a los enfermos de las familias pobres, encontrarlos y brindarles ayuda médica. Ellos incluso aprendieron a construir champas para los sin techo a causa de la continua violencia en las fronteras.

Un día, uno de esos hermanos desapareció. Pronto se descubrió que había sido secuestrado y tomado como rehén. Los misioneros fueron a pedirle ayuda al arzobispo Oscar Romero. A través de su intervención el hermano fue liberado. Tres meses después, en marzo de 1980, Oscar Romero, el arzobispo de El Salvador, fue asesinado con un balazo en el corazón mientras celebraba misa.

No es mi pobre palabra la que siembra esperanza y fe.
No soy más que humilde eco de Dios para su pueblo,
 hablando para aquellos elegidos como azote de Dios,
 que practican la violencia de muchas formas.
Pero que se cuiden.
 Cuando Dios no los necesite más
 los lanzará al fuego.
Permíteles convertirse a tiempo.
Y a aquellos que sufren los hostigamientos
 y no entienden el porqué
 de las injusticias y abusos:
Tengan fe. Entréguense,
 voluntad y mente y corazón, enteros.
Dios tiene su tiempo.

Oscar Romero

74
Oración para un viaje seguro

En una ocasión, la Madre Teresa era conducida a gran velocidad a través del corazón de Chicago para alcanzar un vuelo. Su semblante nunca cambió, estaba sentada serenamente con las cuentas del rosario en su mano. Ella nunca iniciaba un viaje sin una plegaria en la que pedía la protección de Dios y la intercesión de María.

Nosotros te suplicamos, oh Señor, que vuelvas tu rostro hacia nosotros y nos protejas en nuestro viaje. Guíanos para entregar tu Buena Noticia a aquellos que encontremos y permítenos dar la bienvenida al pobre y al afligido con amabilidad y compasión. María, nuestra Madre, protégenos y danos alegría mientras transitamos por los caminos del Señor. Amén.

75
ORACIÓN DEL SUFRIMIENTO

Jacqueline de Decker encarnó una parte especial de la vida de la Madre Teresa y fue un "eslabón" con aquellos descritos en la constitución de los Colaboradores como "los enfermos y los incapaces de realizar actividades devendrán en cercanos colaboradores de una hermana o un hermano en especial ofreciendo sus oraciones y sufrimientos por esa hermana o hermano".

Jacqueline de Decker fue la primera unida espiritualmente con la Sociedad y la primera en encontrar otros discapacitados que ofrecerían sus sufrimientos por una Misionera de la Caridad. Comenzó un programa que unía dos grandes misterios: el misterio del poder de la redención del sufrimiento inocente y el misterio que ha sido llamado "la comunión de los santos". Esta comunión trasciende todas las barreras físicas en la unión espiritual de todos los seres humanos de buena voluntad; los seres humanos en el deseo de unir sus voluntades con la del Creador.

Señor, anhelamos tu voz compasiva.
Tu misericordia testifica tu amor.
Escucha nuestra demanda.
Dios, siempre sostienes al necesitado
y oyes el pedido del desamparado,
permítenos confortar a aquellos que sufren.
Da fuerza y fe a aquellos que te invocan,
resistencia y paciencia a aquellos que la necesitan.
Tu presencia podrá brillar siempre sobre ellos.
Sin tu ayuda no hay alivio ni cura
ni recursos para aliviar al débil y al sufriente.
Oye nuestra súplica, oh Señor de compasión,
y ten piedad;
alivia el dolor de aquellos que sufren
así podrán ponerse en pie
y bendecir tu infinita bondad. Amén.

Hugo Schelesinger y Humberto Porto

76
Oración de perseverancia

Las hermanas de la Casa de los Moribundos en Varanesi no estaban, simplemente, sirviendo a los indigentes de la zona sino también a los más pobres de los peregrinos en lo que era para ellos la más sagrada de las ciudades.

Las hermanas daban de comer a los ancianos girándoles las cabezas suavemente, así les resultaba más fácil tragar la comida, y les limpiaban el alimento que escapaba. Ellas debían hacer esto todos los días alentadas por una breve oración de la Madre Teresa.

Señor, dame esta visión de fe
para que mi trabajo no resulte monótono.

77
ORACIÓN DE LA AMABILIDAD

En una carta a los colaboradores, la Madre Teresa les aconsejaba que fueran amables con todas las personas en sus hogares. "Sean amables con aquellos que los rodean. Prefiero que cometan errores por amabilidad a que produzcan milagros con descortesía. Frecuentemente una palabra, una mirada, una rápida acción pueden llenar de oscuridad el corazón de los que amamos".

Guárdame, oh Señor, de la insignificancia.
Que seamos amplios en el pensamiento,
  la palabra y el acto.
Que eliminemos la crítica y nos apartemos del egoísmo.
Permítenos alejar toda ostentación y encontrarnos
  con el otro cara a cara sin lástima y sin prejuicios.

Que no juzguemos apresuradamente y seamos
  siempre generosos.

Que nos tomemos tiempo para todas las cosas.
Permítenos crecer calmados, serenos, mansos.

Enséñanos a poner en acción nuestros mejores
impulsos y haznos honrados y no temerosos.

Concédenos reconocer que son las pequeñas cosas
en la vida las que crean diferencias,
porque en las grandes todos somos uno.

Y, oh Señor Dios, que no olvidemos ser amables. Amén.

María Estuardo, Reina de Escocia

78
ORACIÓN DEL HAMBRE

Una sencilla sala del antiguo Monasterio Benedictino de San Gregorio en la colina Coelia de Roma fue el escenario del Tercer Capítulo de los Colaboradores de la Madre Teresa en mayo de 1982.

El monasterio y la iglesia de San Gregorio, en honor del Papa San Gregorio, quien desde ese lugar envió a un grupo de monjes a evangelizar Inglaterra. Habían sido enviados alrededor de mil cuatrocientos años atrás, llevando con ellos valiosos textos evangélicos, libros y vasos sagrados. En la capilla de San Andrés estaba la misma mesa de mármol, la "mesa de los pobres" desde la cual San Gregorio y su madre, Santa Silvia, habían alimentado personalmente a los hambrientos durante los saqueos de Roma. En el propio monasterio, las hermanas de la Madre Teresa dirigieron un refugio para los ancianos y los desamparados. El convento fue construido reciclando los gallineros.

Permitir al hambriento seguir con hambre sería una blasfemia contra Dios y contra nuestro prójimo, porque lo que está más cerca de Dios es precisamente la necesidad de nuestro prójimo. Es por el amor de Cristo, que pertenece mucho más al hambriento que a mí mismo, que comparto mi pan con ellos y que comparto mi vivienda con quien no tiene techo. Que provea de pan al hambriento. Que prepare el camino de tu gracia. Amén.
Dietrich Bonhoeffer

79
ORACIÓN PARA SOBREPONERSE AL MIEDO

La Madre Teresa recordaba a los colaboradores las dos palabras que anunciaron la llegada de Jesús: "No teman". Ella dijo: "Habrá sufrimientos, y más y más gente está sufriendo en todos los países. Hay un terrible miedo a la guerra... Pero semejante miedo no es por ti. Rezaremos. Rezaremos. La oración no puede fallar, y no es sólo rezar sino convertir la oración en una acción de amor y hacer algo por alguien".

Mi Señor Jesús, no te alejes de mí,
sino ven pronto y ayúdame
porque estoy aterrado por los temores del futuro.
¿Cómo podré librarme de su poder sobre mí?
¿Cómo saldré ileso sin tu ayuda?
Oh Señor,
tú has prometido:
"Yo mismo prepararé tu camino
aplanando montañas y colinas.
Yo abriré las puertas de la prisión y te revelaré
los tesoros escondidos de la sabiduría espiritual".
Oh Señor, haz como has dicho,
aparta mis miedos,
ésta es mi esperanza y mi único consuelo
volverme hacia ti,
poner en ti toda mi confianza,
invocarte interiormente,
y esperar pacientemente tu consuelo.

Thomas à Kempis, Imitación de Cristo (adaptación)

80
Oración por la vida del no-nacido

La Madre Teresa decía: "Hoy el más grande destructor de la paz es el aborto. Nosotros estamos aquí —nuestros padres nos quisieron. Nuestros hijos, nosotros los queremos, los amamos, pero ¿qué de los millones abortados? Mucha gente está consciente de los chicos de la India, del África, donde un gran número muere por desnutrición, por hambre; sin embargo millones están muriendo deliberadamente por voluntad de la madre. Y ese es el destructor más grande de la paz hoy.

Dios, que a través de Isaías dices claramente –aunque una madre pueda olvidar a su hijo yo nunca te olvidaré, te tengo grabado en la palma de mi mano– graba a todos los no nacidos en la palma de tu mano. Manténlos tan cerca de ti que sus vidas no sean amenazadas por el aborto. Dales vidas de amor y alegría y manténlos seguros hasta que hayan servido a los demás en este mundo. Protege con tu poder toda vida en el vientre materno. Amén.

81
ORACIÓN DE MARTIN LUTHER KING, JR., POR UNA PAZ DURADERA

La catedral luterana de Oslo estaba repleta para el oficio de acción de gracias en ocasión de la visita de la Madre Teresa para recibir el premio Nobel de la paz. Además de las lecturas bíblicas e himnos, se rezó una larga letanía de oraciones por los pobres, los que sufren, y las víctimas de desastres en todo el mundo.

El programa de las celebraciones estaba impreso en noruego y en inglés, sin embargo la congregación entonó "Señor escucha nuestra oración" en muchas lenguas. El obispo luterano había invitado a John William Gran, el obispo católico de Oslo, a presidir junto con él en el altar, donde también estaban los representantes de la Iglesia Ortodoxa Griega, la Iglesia Anglicana, y también Bautistas, Metodistas, y el Ejército de Salvación.

Oh Jesús, danos corazones pacíficos y un recto valor en la confusión y en la contienda. Así no sólo podremos resistir y finalmente triunfar, sino también tener paz en medio de la lucha. Podremos rezar y agradecerte y no quejarnos o impacientarnos ante tu divino deseo. Que la paz gane la victoria en nuestros corazones, que impacientes nunca iniciemos nada contra ti, nuestro Dios o nuestros prójimos. Que permanezcamos serenos y pacíficos hacia Dios y hacia los demás, bajo tutela o sin ella, hasta que la paz eterna llegue. Amén.

Martin Luther King, Jr.

82
ORACIÓN A SANTA LUCÍA

Mientras los celebrantes dejaban el oficio en la Catedral Luterana en aquella helada noche de invierno, fueron puestas en sus manos antorchas encendidas y se formó una procesión hacia la Sociedad de la Misión noruega donde la asociación de mujeres había dispuesto una cena. Cuando la Madre Teresa entró en la sala, un coro de niñas portando velas como un grupo de ángeles navideños, le dio la bienvenida con un himno y una plegaria a Santa Lucía.

Oh Lucía, mártir y novia de Cristo, recíbenos bajo tu poderosa protección. Tu nombre significa Luz, guíanos a través de la oscura noche de esta vida. Oh justa Lucía, luz de las vírgenes, ora por nosotros para que nuestra ceguera sea sanada, así podremos ver la luz verdadera en el niño nacido en Belén. Por tu intercesión, oh Lucía, asegura la firmeza de nuestra fe e ilumina el alma. Amén.

83
ORACIÓN PARA APARTAR EL SUICIDIO

La Madre Teresa visitó por primera vez las catacumbas romanas un 14 de diciembre. Después del recorrido por las tumbas y de la celebración de la misa, la Madre pronunció unas pocas palabras. Así comenzó: "Aquí estamos en un lugar, donde tanto amaba la gente a Dios, que estaba preparada para morir por ese amor. Hombres, mujeres e incluso niños pequeños. Acabamos de ver la sepultura de un niño martirizado. Ellos tenían esperanza en la resurrección".

Luego dijo solemnemente: "Lo que me cruzó la mente fue la tentación del suicidio que vive mucha gente hoy en día. Recemos por ellos para que se den cuenta de que son amados por Dios. Recemos para que aprendan a amar y a vencer la tentación de quitarse sus vidas".

Oh Dios,
tú conoces el momento de nuestra muerte,
tú conoces el momento de nuestra creación.
Te rezamos a ti.
Bendice a esta persona que tiene la idea del suicidio
y preserva la vida de este hijo.
Aleja las profundidades de su depresión
de la autodestrucción,
e infúndele el santo aliento de tu vida.
Descúbrele las alegrías de la vida que has puesto
en su camino
y concédele esperanza y confianza en tu amor y
misericordia. Amén.

84
Oración al Corazón de Jesús

En respuesta a una pregunta de prueba de un periodista, la Madre Teresa efectuó una de las más singulares y breves declaraciones sobre su propia identidad. El periodista había señalado que ella había nacido en Yugoslavia y vivido en la

India mientras sus Hermanas trabajaban alrededor de todo el mundo. Luego el periodista preguntó: "Y usted, Madre Teresa, ¿cómo se siente?"

"Por sangre y origen", ella respondió, "soy totalmente albanesa. Mi ciudadanía es de la India. Soy una monja católica. Por mi llamado, pertenezco al mundo entero. Por mi corazón, pertenezco completamente al Corazón de Jesús".

Salve, Corazón de mi Jesús, sálvame.
Salve, Corazón de mi Creador, perfeccióname.
Salve, Corazón de mi Salvador, líbrame.
Salve, Corazón de mi Juez, perdóname.
Salve, Corazón de mi Padre, gobiérname.
Salve, Corazón de mi Maestro, enséñame.
Salve, Corazón de mi Rey, coróname.
Salve, Corazón de mi Benefactor, engrandéceme.
Salve, Corazón de mi Hermano, quédate conmigo.
Salve, Corazón de mi Incomparable Bondad,
    ten piedad de mí.
Salve, Amantísimo Corazón, enciéndeme. Amén.

Santa Margarita María Alacoque

85
ORACIÓN DEL ABANDONO EN DIOS

La Madre Teresa insistía en la necesidad de volverse santos. Ella escribió: "El primer escalón para convertirse en santo es desearlo. Como dice Santo Tomás, la santidad consiste sólo en una firme resolución –el heroico acto de un alma que se abandona a Dios. Mediante una voluntad firme nosotros amamos a Dios, elegimos a Dios, corremos hacia Dios, lo alcanzamos, lo poseemos".

Padre, me abandono en tus manos.
El abandonarse es un compromiso sólo con
y en la madurez en Cristo Jesús.
Es un dejarse ir.
Es una ruptura con las cuerdas por las cuales
uno manipula,
controla,
administra,
las fuerzas de la propia vida.
El abandonarse es no manejar nada,
no esperar nada.
El abandonarse es recibir todas las cosas de la manera
en que uno recibe un regalo,
con las manos abiertas,
y el corazón abierto.
El abandonarse es ser conducido, dirigido,
no por las necesidades humanas,
sino por las necesidades de Dios.

El abandonarse es más que un compromiso.
Es más profundo.
Es no hacer nada para Dios
  sino que sea hecho por Dios.
Es no sólo aceptar una crucifixión final
  permitiendo que la propia carne sea entregada,
  y la propia sangre derramada,
  sino tener la misma causa,
  la razón,
  la misión,
  el trabajo,
  la gente,
  por los cuales la propia vida es ofrecida
  para ser maldecida, aniquilada
  si ese es el deseo de Dios.
El abandonarse no obliga a Dios a nada.
El abandonarse no se hace por la recompensa
  de la propia resurrección
  sino solamente en la esperanza de que la vida de
  Dios rodee todas las cosas,
  de que venga su reino,
  de que su voluntad sea cumplida.

Eduardo J. Farrell, Discípulos y otros desconocidos

86

ORACIÓN DE BENDICIÓN DEL AGUA

La Madre Teresa no requería de ninguna comida en especial. Parecía apreciar el agua fresca y clara más que cualquier otra cosa y, cuando le era entregado un vaso de agua, ella misma bendecía antes de beberlo. Uno no puede menos que pensar en el cántico de San Francisco: "Alabado seas, mi Señor, por la Hermana Agua, que es muy útil y humilde y preciosa y casta".

Señor, oh Señor, buen Padre, guardián de todas
  las cosas terrenales,
    míranos con aprobación.
Concédenos el regalo de las aguas del Jordán y
  báñanos con las bendiciones de tu Espíritu Santo.
Que así sea.
Danos una agua santa.
Que así sea.
Danos una agua que limpie el pecado.
Que así sea.
Danos una agua que regenere y proteja.
Que así sea.
Danos una agua viva que calme nuestra
  sed y nuestros corazones.
Que así sea.

Liturgia etíope (adaptación)

87
ORACIÓN POR LAS SONRISAS

La Madre Teresa daba frecuentemente consejos inesperados. Cuando un grupo de americanos la visitó en Calcuta, ellos le pidieron algún consejo para llevar a sus familiares a su hogar.

"Sonrían a sus esposas", les dijo. "Sonrían a sus maridos". Pensando que quizás, proviniendo de una persona soltera, el consejo era simplista, uno de ellos preguntó: "¿Está usted casada?"

"Sí", respondió para sorpresa de todos. "Y encuentro a veces muy duro sonreírle a Jesús. Él puede ser muy demandante".

Señor, renueva mi espíritu y dibuja en mi rostro sonrisas de gozo por la riqueza de tu bendición. Que mis ojos sonrían diariamente por el cuidado y compañerismo de mi familia y de mi comunidad. Que mi corazón sonría diariamente por las alegrías y dolores que compartimos. Que mi boca sonría diariamente con la alegría y regocijo en tus trabajos. Que mi rostro dé testimonio diariamente de la alegría que tú me brindas. Gracias por este regalo. Amén.

88

Oración por la propia insignificancia

De todas las cualidades de la Madre Teresa, la que impresionaba más poderosamente a las personas cercanas a ella era, paradójicamente, su insignificancia. La Madre Teresa pedía a sus hermanas ser "transparentes como un cristal" y ella las guiaba en ese camino. Por esto, ella no tenía necesidades para sí misma, más bien era un junco vacío a través del cual soplaba el Espíritu.

Señor,
Mi alma está tan seca que por sí misma no puede rezar;
sin embargo aún puedes exprimir de ella el zumo
 de miles de plegarias.
Mi alma está tan remendada que por sí misma
 no puede amar;
 sin embargo aún puedes extraer ilimitado amor
 a ti y al prójimo.
Mi alma está tan fría que por sí misma no tiene alegría;
 sin embargo aún puedes encender el fuego
 de tu alegría celestial.
Mi alma está tan débil que por sí misma no tiene fe;
 sin embargo por tu poder mi fe crece
 a una mayor altura.
Gracias por la oración, el amor, la alegría, la fe,
 que siempre sea orante, amante, alegre y lleno de fe.

Guigo de Carthusian

89
ORACIÓN DEL CUERPO DE CRISTO

La cercanía de la Madre Teresa a la Eucaristía era semejante a la de San Francisco de Asís, quien escribió: "Si la tumba en la que Jesús reposó por unas pocas horas es objeto de semejante veneración, entonces cuán digno, virtuoso y santo debe ser aquel que toca con sus dedos, recibe en su boca y en su corazón a Cristo, no ya como mortal sino eternamente triunfante y glorioso". La divulgación del movimiento del Cuerpo de Cristo de la Madre Teresa era expresión de su devoción a la Eucaristía.

Contempla, amantísimo Jesús, hasta qué exceso tu ilimitado amor te ha llevado. De tu propia carne y preciosa sangre tú me preparaste un divino banquete para entregarte a mí. ¿Qué te condujo a ese acto de amor? Fue tu corazón, tu amantísimo corazón. Dentro del calor de tu Divino Amor, recibe mi alma, que aprenda a ser merecedora del amor de este Dios que me ha dado tan maravillosas pruebas de su amor. Amén.

90
BENDICIÓN POR LA PAZ

En 1981 la Madre Teresa visitó Corrymeela en Belfast. Corrymeela significa "Colina de armonía" en gaélico, y fue fundada como una comunidad de reconciliación para los deudos de ambos bandos del conflicto de Irlanda del Norte.

La bendición de Dios esté contigo.
La bendición de Cristo esté contigo.
La bendición del Espíritu Santo esté contigo,
y con tus hijos
y contigo y con los hijos de tus hijos.

La paz de Dios esté contigo.
La paz de Cristo esté contigo.
La paz del Espíritu Santo esté contigo,
durante todas las horas de tu día
durante todos los días de tu vida.

Bendición gaélica

Fuentes y reconocimientos

Los extractos de este libro están adaptados de *Such a Vision of the Street: Mother Teresa. The Spirit and the Work* de Eileen Egan publicado originalmente por Doubleday en 1985. Otras oraciones han sido tomadas o adaptadas de las fuentes que se citan a continuación.

- Anders, Isabel, ed. *Simple Blessing for Sacred Moments*, Liguori, Mo.: Liguori Publications. Usado con permiso.
- Buehrle, Marie C., Rafael, *Cardinal del Val*, Houston: Lumen Christi Press, 1980.
- Camara, Dom Helder, *It's Midnight, Lord*, Washington, D.C.: The Pastoral Press, 1984.
- Carden, John, compilador, *A World at Prayer*, Mystic, Conn.: Twenty-Third Publications, 1990.
- Chakravarty, Amiya, editor, *A Tagore Reader*, Boston: Beacon Press, 1961.
- Chiffolo, Anthony F., *At Prayer with the Saints*, Liguori, Mo.: Liguori Publications, 1998. Usado con permiso.
- *Christian Community Bible*, Liguori, Mo.: Liguori Publications, 1995.
- *The Complete Book of Christian Prayer*, New York: Continuum Publishing Company, 1996.

- De la Cruz, Sor Juana Inés, *The Answer / La Respuesta*, Traducido por Electa Arenal y Amanda Powell, New York: The Feminist Press, 1994.
- De Nola, Alfonso, compilador; *The Prayers of Man*, traducido por Rex Benedict, Londres, Heinemann, 1962.
- Dragon, A., SJ, *Blessed Miguel Pro: Martyr of Christ*, The King, Ciudad de México: Buena Prensa, 1959.
- Farrell, Edward, *Lovers and Other Strangers*, Denville, N.J.: Dimension Books, 1974. Usado con permiso.
- González-Balado, José Luis, *Mother Teresa: Always the Poor*, Liguori, Mo.: Liguori Publications, 1980. Usado con permiso.
- Guéranguer, Prosper, *The Liturgical year: Advent*, traducido por Laurence Shepherd, St. Louis: B. Herder, 1895.
- Ignatius Loyola, *The Spiritual Exercises*, traducido por Pierre Wolf, Liguori, Mo.: Liguori/ Triumph, 1997. Usado con permiso.
- Julian de Norwich, *The Revelation of Divine Love*, traducido por L. M. del Mastro, Liguori, Mo.: Liguori/ Triumph. Usado con permiso.
- Leroy, A., History of *The Little Sisters of the Poor*, Londres: R.&T. Washbourne, 1906.
- *The Official Handbook of the Legion of Mary*, Dublin: Concilium Legionis Mariae, 1953.
- Raya, Joseph and José de Vink, *Byzantine Daily Worship*, Allendale, N.J.: Alleluia Press, 1969.
- Romero Oscar, Oscar Romero: *The Violence of Love*, traducido por James R. Bockman, S.J., Farmington, Pa.: Plough Publishing, 1998.
- Paton Alan, *Instrument of the Peace*. New York: The Seabury Press, 1968. "Give Us Courage, O Lord", "Make Me, O Lord, Thy Instrument" y "O Lord, Grant That We May Not Be Conformed to the Wold." Usado con permiso.
- St. John, Ambrose, *The Raccolta*. Londres: Burns, Oates & Washbourne, 1924.
- Schelesinger, Hugo y Humberto Porto, *Prayers of Blessing and Praise for All Occasions*, Mystic, Conn.: Twenty-Third Publications, 1987.
- Schweittzer, Albert, *Reverence for Life*, traducido por Reginald H. Fuller, New York: Harper & Row, 1969.

Índice de oraciones

1. Oración para la paz de San Francisco de Asís
2. Oración por la amistad con Dios
3. Oración mantra para la paz de Satish Kumar
4. La meditación acerca de Jesús de la Madre Teresa
5. Oración de Paz en Nagasaki
6. Oración de San Gregorio de Nacianzo
7. Oración para la reconciliación
8. Salmo para la entrega
9. Acto de contrición
10. Oración para irradiar a Cristo
11. Oración para la obediencia
12. Oración al vestirse
13. Oración dedicada al Sagrado Corazón
14. Oración para la caridad
15. Oración para antes de dormir
16. Anima Christi
17. Oración por la pobreza
18. Oración por la castidad
19. Oración de Gandhi
20. Oración para obtener la Divina Providencia
21. Oración por el valor a no ser indiferentes
22. Oración en honor de la Santa Cruz

23. Oración para ver a Cristo en los otros
24. El Magnificat de María
25. Oración para unir los trabajos de los Misioneros de la Caridad
26. Oración de paz de Albert Schweitzer
27. Oración de acción de gracias
28. Oración para ser iluminados
29. Oración por el vigésimo quinto aniversario de las Misioneras de la Caridad
30. Oración budista por la luz
31. Oración por milagros
32. Oración a nuestra Bendita Virgen
33. Oración a San Vicente de Paul
34. Oración por la fidelidad
35. El Padre Nuestro de San Francisco de Asís
36. Oración del papa Pablo VI
37. Oración para el pobre
38. Oración por la alegría
39. Oración de San Ignacio de Loyola
40. Letanías de Loreto
41. Oración por las vocaciones
42. Oración de Rabindranath Tagore
43. Oración para permanecer "exactamente sobre el suelo"
44. Oración de servicio
45. Una oración por la familia
46. Oración de consagración
47. Oración de conformidad con Cristo
48. Oración a San Demetrio
49. Oración de Santa Teresa de Lisieux
50. Oración al Inmaculado Corazón de María
51. Oración del Rosario
52. Letanía de la humildad
53. La oración de la reconciliación

Índice de oraciones

54. Oración para entender la Santa Eucaristía
55. Oración por el martirio
56. Oración de amor
57. Oración de la buena intención
58. Oración de la Legión de María
59. Oración a San Francisco Javier
60. Oración de San Ignacio de Loyola
61. Oración para la propagación de la fe
62. Oración de un corazón
63. Oración de las Pequeñas Hermanas de los Pobres
64. Oración del sufrimiento por la corona de espinas
65. Oración de Sor Juana Inés de la Cruz
66. Oración del milagro de amor de Dios
67. Oración del padre Miguel Pro, SJ, en honor a la fiesta de Cristo Rey
68. Oración de los jainistas
69. Oración del Vía Crucis
70. La oración de "Vengan y vean"
71. Oración de Dom Helder Camara
72. Oración de compasión
73. Oración de Oscar Romero
74. Oración para un viaje seguro
75. Oración del sufrimiento
76. Oración de perseverancia
77. Oración de la amabilidad
78. Oración del hambre
79. Oración para sobreponerse al miedo
80. Oración por la vida del no-nacido
81. Oración de Martin Luther King, Jr., por una paz duradera
82. Oración a Santa Lucía
83. Oración para apartar el suicidio
84. Oración al Corazón de Jesús

85. Oración del abandono en Dios
86. Oración de bendición del agua
87. Oración por las sonrisas
88. Oración por la propia insignificancia
89. Oración del Cuerpo de Cristo
90. Bendición por la paz

www.ingramcontent.com/pod-product-compliance
Lightning Source LLC
Chambersburg PA
CBHW032055090426
42744CB00005B/223